Ритуалы на 2024 год

Алина А. Руби и Анжелина Руби

Издается самостоятельно

Введение

В этой книге мы предлагаем вам несколько заклинаний и ритуалов, которые помогут вам привлечь экономическое изобилие в вашу жизнь в 2024 году, потому что это будет год многих испытаний.

Когда кажется, что все идет кувырком, духовная помощь оказывается своевременной.

Магия работает. Большинство успешных людей, хотите верьте, хотите нет, практикуют ее, конечно, они вам об этом не скажут. Они добились своих побед потому, что тщательно выполняли некоторые ритуалы, которые мы предлагаем вам в этой книге.

Если вы устали от неудач в любви в последние годы, то вы приобрели правильную книгу, потому что ваша любовная жизнь полностью изменится, если вы будете выполнять ритуалы, которые мы рекомендуем.

Заклинания здоровья и ритуалы белой магии помогут вам сохранить или улучшить здоровье, но никогда не забывайте, что они не заменяют ни врача, ни назначенного им лечения.

Заклинания здоровья очень популярны в мире магии, после любовных или денежных заклинаний, заклинания здоровья пользуются большим спросом благодаря своей высокой эффективности, хотя их нелегко произносить, поскольку здоровье - тема деликатная.

Существует бесконечное множество причин, по которым ритуал или заклинание могут не сработать, и, сами того не осознавая, мы совершаем ошибки.

Энергия ритуала тратится впустую, если слишком много людей знают, что вы делаете.

Чтобы добиться положительных результатов, необходимо практиковать их в нужное время.

Эти магические периоды связаны с астрологией, и мы должны знать их и программировать наши ритуалы на эти периоды времени, которые будут наиболее подходящими для осуществления нашей магии.

Деньги.

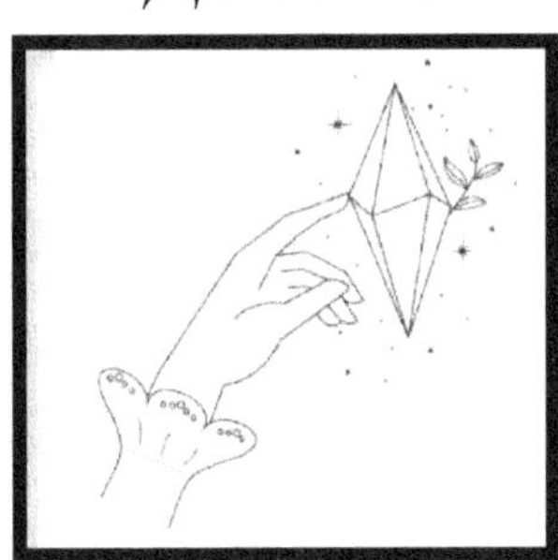

Иногда самая главная причина отсутствия денег кроется не в недостатке профессионального образования, не в везении или судьбе. Она кроется в нашем подсознании. Если вы действительно верите в то, что заслуживаете достаточного количества денег, вы пошлете эту вибрацию во Вселенную, и деньги придут в вашу жизнь.

Если вы подсознательно считаете, что деньги трудно найти или что они достаются лишь немногим счастливчикам, то вы блокируете циркуляцию денег в своей жизни.

Блоки финансового изобилия являются следствием глубоко укоренившихся представлений о бедности.

Многим из нас внушили, что для благополучной жизни необходимо много работать.

Правда заключается в том, что для достижения финансового изобилия вовсе не обязательно упорно трудиться весь день. Вы должны работать с умом, чтобы привлечь финансовое изобилие и процветание.

Важное условие для привлечения процветания - быть благодарным за свою работу или другие источники дохода, которые у вас есть, даже если они вам сейчас не нравятся, будьте благодарны за то, что они помогают вам оставаться финансово защищенным.

Каждый раз, когда вы получаете деньги, какой бы маленькой ни была их сумма, благодарите за них Вселенную. Когда вы видите свой банковский счет, будьте благодарны за деньги, которые циркулируют в вашей жизни.

Благодарность за то, что у вас есть, не только поможет вам ценить и наслаждаться всем тем, что у вас есть, но и привлечет в вашу жизнь еще больше этого.

Ритуалы на январь

Январь 2024 г.

Воскресенье	Понедельник	Вторник	Среда	Четверг	Пятница	Суббота
	1	2	3	4	5	6
7	8	9	10	11 Новолуние	12	13
14	15	16	17	18	19	20
21	22	23	24	25 Полнолуние	26	27
28	29	30	31			

11 января 2024 года, Козерог Новолуние 20°44'.

25 января 2024 года, полнолуние во   Льве5°14

Лучшие денежные ритуалы

Четверг, 11 января 2024 года (день Юпитера). Новолуние в Козероге, знаке стабильности. Хороший день для организации своих целей, призвания, карьеры, получения почестей. Просить о повышении зарплаты, делать презентации, публичные выступления. Для заклинаний, связанных с работой или деньгами. Ритуалы, связанные с повышением по службе, отношениями с начальством, достижением успеха.

Четверг, 25 января 2024 года (день Венеры) Благоприятен для денежных приворотов, любовных и юридических дел. Ритуалы, связанные с процветанием и получением работы.

Ритуал на удачу в азартных играх

На лотерейном билете на лицевой стороне пишется сумма денег, которую вы хотите выиграть, а на обратной стороне - ваше имя. Сожгите билет с помощью зеленой свечи. Соберите пепел в фиолетовую бумагу и закопайте его.

Делайте деньги с помощью Лунной чаши.
Полнолуние

Вам потребуется:
- 1 хрустальный бокал
- 1 большая тарелка
- Мелкий песок
- Золотой блеск
- 4 чашки морской соли
- 1 малахитовый кварц
- 1 стакан морской, речной или святой воды
- Палочки корицы или порошок корицы
- Сушеный или свежий базилик
- Свежая или сушеная петрушка
- Зерна кукурузы
- 3 купюры текущего номинала

Поместите в стакан три сложенные купюры, палочки корицы, зерна кукурузы, малахит, базилик и петрушку. Смешайте блестки с песком и добавьте их в стакан до полного заполнения. Под светом полной луны поставьте тарелку с четырьмя чашками морской соли.

Поставьте чашу в центр тарелки, обложив ее солью. Налейте в чашу священной воды, чтобы она хорошо увлажнила соль, оставьте ее на всю ночь при свете полной луны и часть дня, пока вода не испарится и соль не станет сухой.

Добавьте в стакан четыре-пять зерен соли и долейте остальное.

Занесите чашку в дом, на видное место или туда, где вы храните деньги.

Каждый день полнолуния вы будете рассыпать немного содержимого чаши во всех уголках вашего дома и подметать его на следующий день.

Лучшие ритуалы на любовь

Пятница, 19 января 2024 года *(день Венеры). Подходит для заклинаний и ритуалов, связанных с любовью, контрактами и партнерскими отношениями.*

Заклинание для успокоения любимого человека

Вы пишете на коричневой бумаге семь раз полное имя любимого человека и свое сверху.

Поместите эту бумагу в хрустальный бокал и положите туда мед, корицу, розовый кварц и кусочки апельсиновой кожуры.

Во время проведения ритуала мысленно повторяйте: "Я ласкаю тебя, и только настоящая любовь царит между нами". Храните его в темном месте.

Ритуал для привлечения любви

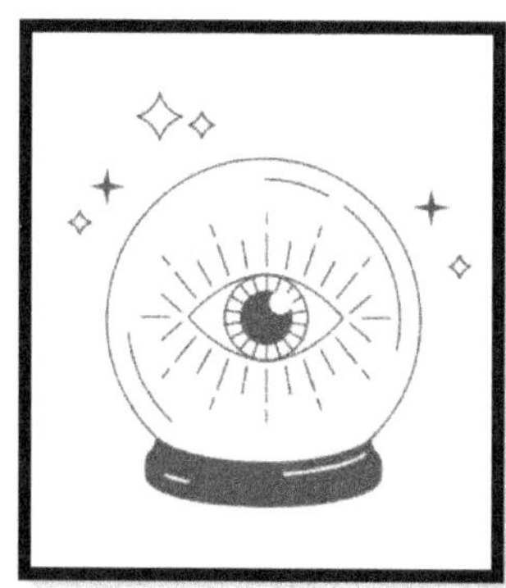

Вам потребуется.

- Розовое масло

- 1 розовый кварц

- 1 яблоко

- 1 красная роза в маленькой вазе

- 1 белая роза в маленькой вазе

- 1 длинная красная лента

- 1 красная свеча

Для достижения максимальной эффективности этот ритуал следует проводить в пятницу или воскресенье, в момент нахождения планеты Венера или Юпитер.

Перед началом ритуала с использованием розового масла необходимо освятить свечу.

Зажгите свечу. Разрежьте яблоко на две части и положите одну из них в вазу с красной розой, а другую - в вазу с белой розой. Обвяжите обе вазы красной лентой. Оставьте их на всю ночь рядом со свечой, пока свеча не догорит. Во время выполнения этой операции мысленно повторяйте: "Пусть на моем пути появится человек, которому суждено сделать меня счастливым, я принимаю и принимаю его".

Когда розы высохнут, вместе с половинками яблок закопайте их во дворе или в горшке с розовым кварцем.

Привлечь невозможную любовь

Вам потребуется:
- 1 красная роза
- 1 белая роза
- 1 красная свеча
- 1 белая свеча
- 3 желтые свечи
- Стеклянный фонтан

- Спектакль № 4 Венера

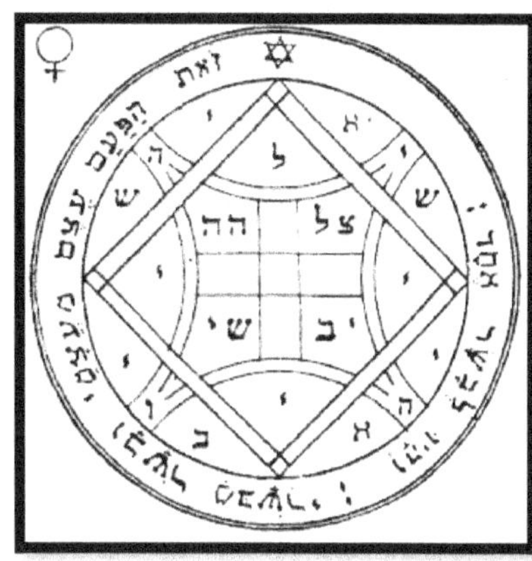

Спектакль №4 Венера.

Желтые свечи следует расположить в форме треугольника. Напишите на обратной стороне пенала Венеры свои пожелания о любви и имя человека, которого вы хотите видеть в своей жизни, поставьте фонтан на вершину пенала в центре. Зажгите красную и белую свечи и поставьте их в фонтан вместе с розами. При этом повторяйте следующую фразу: "Вселенная направь в мое сердце свет любви (полное имя)".

Повторите это три раза. Когда свечи погаснут, вынесите все во двор и закопайте.

Лучшие ритуалы для здоровья

Вторник, 30 января 2024 года (день Марса).
Защитить себя или восстановить здоровье.

Заклинание для защиты здоровья наших домашних животных.

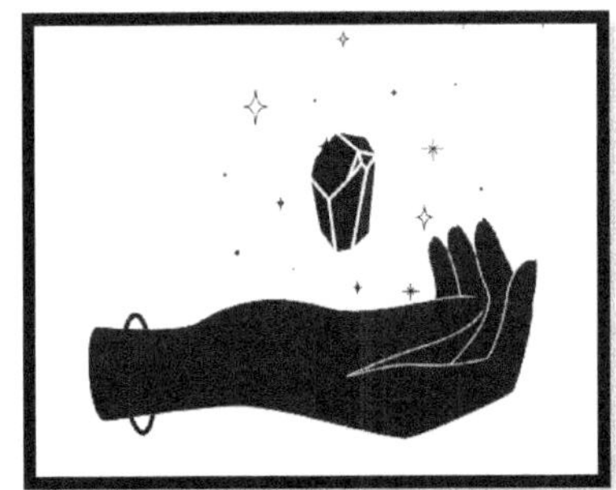

Вскипятите минеральную воду, тимьян, розмарин и мяту. После остывания поместить в бутылку с распылителем перед зеленой и золотой свечой.

После того как свечи будут израсходованы, необходимо использовать этот спрей на животном в течение девяти дней. В основном на грудь и спину.

Заклинание немедленного улучшения

Вы должны получить белую свечу, зеленую свечу и желтую свечу.

Освятите их (от основания до фитиля) сосновой эссенцией и поставьте на стол со светло-голубой скатертью в форме треугольника.

В центр помещается небольшая стеклянная емкость со спиртом и маленький аметист.

На дно контейнера кладется лист бумаги с именем больного или фотография с его полным именем на обороте и датой рождения.

Вы зажигаете три свечи и оставляете их гореть до тех пор, пока они полностью не погаснут.

При выполнении этого ритуала визуализируйте человека полностью здоровым.

Заклинание для похудения

Нужно уколоть палец булавкой и нанести на белую бумагу 3 капли своей крови и ложку сахара, затем закрыть бумагу, завернув кровь с сахаром.

Положите эту бумагу в новый стеклянный сосуд, наполните его наполовину своей мочой, оставьте на ночь перед белой свечой, а на следующий день закопайте.

Ритуалы на февраль

февраль 2024 г.

Воскресенье	Понедельник	Вторник	Среда	Четверг	Пятница	Суббота
				1	2	3
4	5	6	7	8	9 Новолуние	10
11	12	13	14	15	16	17
18	19	20	21	22	23 Полнолуние	24
25	26	27	28	29		

9 февраля 2024 года, Водолей Новолуние 20°40'.

23 февраля 2024 года, полнолуние в Деве, 5°22'.

Лучшие денежные ритуалы

9 февраля 2024 года (день Венеры). В этой фазе мы работаем над увеличением или привлечением чего-либо. В этом цикле мы обращаемся с просьбами о приходе любви, увеличении денег на счетах или престижа на работе.

Ритуал для увеличения клиентуры. Гибридный полумесяц

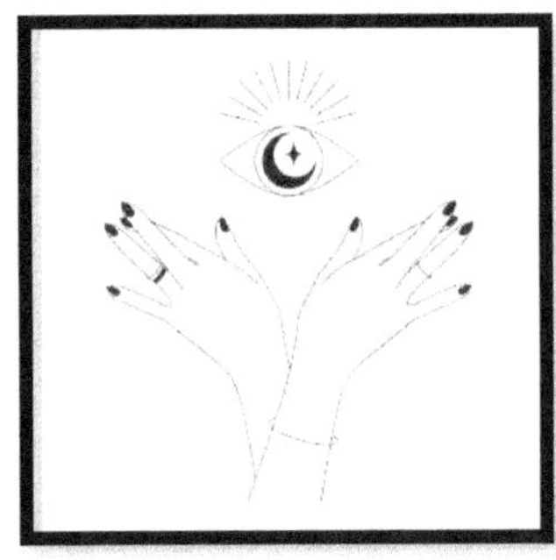

Вам потребуется:
- 5 листьев руты
- 5 листьев вербены
- 5 листьев розмарина
- 5 зерен крупной морской соли
- 5 кофейных зерен
- 5 зерен пшеницы
- 1 магнитный камень
- 1 белый тканевый мешок
- Красная нить
- Красные чернила

- *1 визитная карточка*
- *1 горшок с крупным зеленым растением*
- *4 цитрусовый кварц*

Поместите в белый пакет все материалы, кроме магнита, открытки и цитринов. Затем зашейте его красной нитью, а на внешней стороне красными чернилами напишите название бизнеса. Оставьте мешочек под прилавком или в ящике стола на целую неделю.

По истечении этого времени заройте его на дно горшка вместе с камнем-магнитом и визитной карточкой. Наконец, положите четыре цитрина на землю горшка в направлении четырех кардинальных точек.

Заклинание процветания

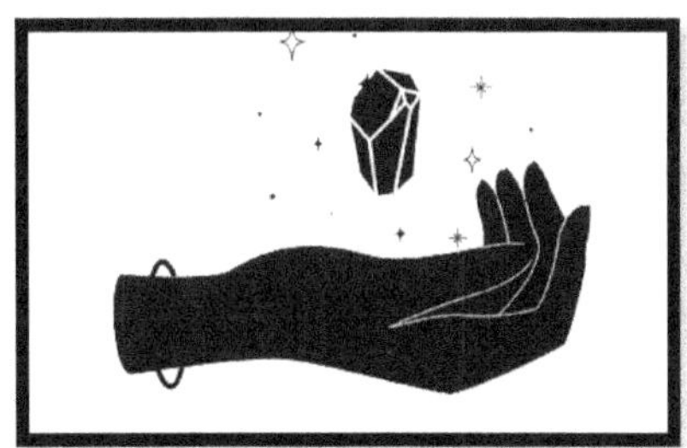

Вам потребуется:

- *3 пирита или цитрусовый кварц*

- *3 золотые монеты*

- *1 золотая свеча*

- 1 красный пакетик

В первый день новолуния поставьте стол у окна, на нем разложите монеты и кварц в виде треугольника. Зажгите свечу, поставьте ее в центр и, глядя на небо, трижды повторите следующую молитву:

"Луна, освещающая мою жизнь, используй силу, которой ты обладаешь, чтобы привлечь ко мне деньги и сделать так, чтобы эти монеты умножились".

Когда свеча сгорит, положите монеты и кварц правой рукой в красный мешочек, носите его всегда с собой, это будет ваш талисман для привлечения денег, никто не должен его трогать.

Лучшие ритуалы для любви
11, 22, 25 февраля 2024 года. Для заклинаний и ритуалов, связанных с любовью, контрактами и партнерскими отношениями.

Ритуал укрепления любви

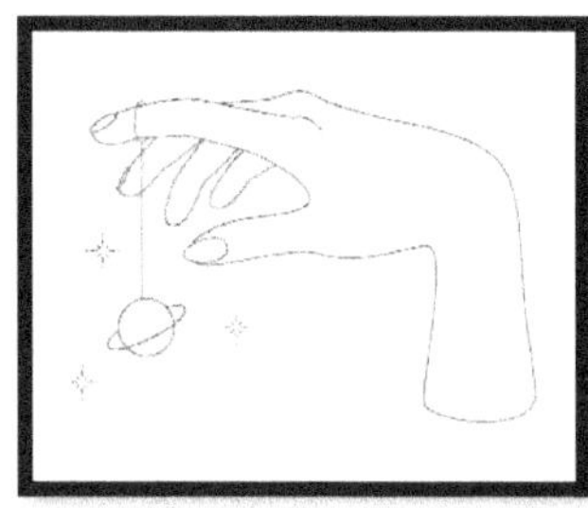

Это заклинание наиболее эффективно в фазу полнолуния.

Вам потребуется:
- 1 деревянный ящик
- Фотографии
- Мед
- Лепестки красной розы
- 1 аметистовый кварц
- Палочка корицы

Вы должны взять фотографии, написать их полные имена и даты рождения, поместить их в коробку так, чтобы они были обращены друг к другу.

Добавьте мед, лепестки роз, аметист и корицу.

Поместите шкатулку под кровать на тринадцать дней. По истечении этого времени достаньте аметист из шкатулки и промойте его лунной водой.

Храните его при себе как амулет для привлечения любви, которой вы так жаждете. В остальное время отнесите его к реке или в лес.

Ритуал спасения угасающей любви

Вам потребуется:
- 2 красные свечи
- 1 лист желтой бумаги
- 1 красный конверт
- 1 красный карандаш
- 1 фотография любимого человека и ваша фотография
- 1 металлический контейнер
- 1 красная лента
- Новая швейная игла

Этот ритуал наиболее эффективен в фазе Полумесяца, а также в пятницу в момент нахождения планеты Венера или Солнца. Свечи следует освятить розовым маслом или корицей.

Вы пишете на желтой бумаге красным карандашом свое имя и имя партнера. Вы также пишете то, что хотите, короткими, но точными словами. Напишите имена на каждой свече с помощью швейной иглы. Зажгите свечи, положите бумагу между фотографиями лицом к лицу и перевяжите их лентой. Сожгите фотографии в металлическом контейнере со свечой, на которой написано ваше имя, и повторяйте вслух:

"Наша укрепляется силой Вселенной и всеми энергиями, существующими во времени".

Поместите пепел в конверт, а когда свечи будут израсходованы, положите конверт под матрас у изголовья.

Лучшие ритуалы для здоровья

4,12,19 февраля 2024 года. Благоприятные периоды для проведения хирургических вмешательств, так как благоприятствуют заживлению ран.

Ритуал для здоровья

Заварите в кастрюле несколько лепестков белой розы, розмарин и руту. После остывания добавьте розовую эссенцию и миндальное масло. Зажгите пять фиолетовых свечей в ванной комнате, которую предварительно освятили апельсиновым и эвкалиптовым маслом. На одной свече напишите имя человека. Примите ванну с этой водой и, принимая ее, визуализируйте, что болезни не приблизятся к Вам и Вашей семье.

Ритуал для здоровья в фазе полумесяца

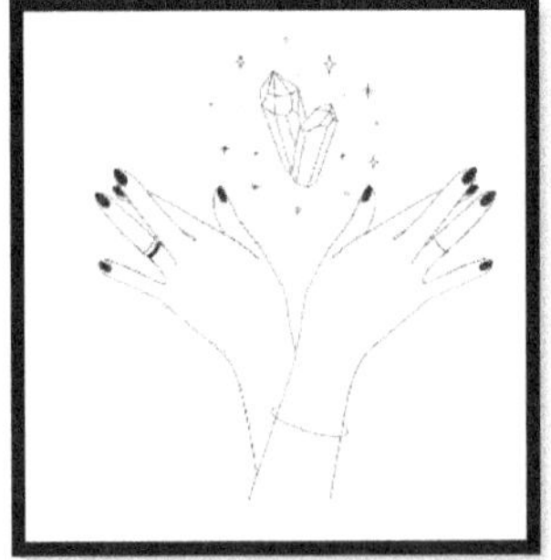

В алюминиевую фольгу положите морскую соль, 3 зубчика чеснока, 4 лавровых листа, 5 листьев руты,

черный турмалин и листок бумаги с именем человека. Сверните его и перевяжите фиолетовой лентой. Носите этот амулет с собой в кармане пиджака или в сумочке.

Ритуалы на март

март 2024 г.

Воскресенье	Понедельник	Вторник	Среда	Четверг	Пятница	Суббота
					1	2
3	4	5	6	7	8	9
10 Новолуние	11	12	13	14	15	16
17	18	19	20	21	22	23
24 Полнолуние	25	26	27	28	29	30
31						

10 марта 2024 года, Новолуние в Рыбах 20°16'.

24 марта 2024 года, полнолуние в Весах 5°07' (полутеневое лунное затмение 5°13')

Лучшие денежные ритуалы

8,10,22 марта 2024 года. Ритуалы, связанные с процветанием и получением работы.

Заклинание для успеха на собеседовании.

Поместите в зеленый пакет три листа шалфея, базилика, петрушки и руты. Добавьте кварц "тигровый глаз" и малахит.

Закройте мешочек золотой лентой. Чтобы активировать его, положите его в левую руку на уровне сердца, а затем на несколько сантиметров выше положите правую руку, закройте глаза и представьте, как из вашей правой руки в левую выходит белая энергия, охватывающая мешочек.

Вы храните его в бумажнике или кармане.

Ритуал, чтобы деньги всегда присутствовали в вашем доме.

Вам понадобится Белая стеклянная бутылка, черная фасоль, красная фасоль, семена подсолнечника, зерна кукурузы, зерна пшеницы и благовоние мирра.

Вы кладете все в бутылку в том же порядке, закрываете ее пробковой крышкой и заливаете дым от благовоний. Затем вы ставите ее в качестве украшения на кухне.

Цыганское заклинание для процветания

Возьмите глиняный горшок среднего размера и покрасьте его в зеленый цвет. На дно положите немного мирры, монетку и несколько капель оливкового масла. Покройте его слоем земли и положите семена любимого растения. Добавьте корицу и еще почвы. Держите горшок в столовой дома и поливайте его, чтобы он рос.

Лучшие ритуалы на любовь

1, 17, 24, 29 марта 2024 г.

Ритуал, помогающий избавиться от проблем в отношениях

Этот ритуал следует проводить во время лунного затмения или фазы полнолуния.

Вам потребуется:
- 1 белая лента
- 1 новые ножницы
- 1 шариковая ручка с красными чернилами

На белой ленте красными чернилами нужно написать проблему, которая у вас возникла, и имя человека. Затем ножницами разрезать ее на семь частей и при этом повторять вслух:

"Это моя проблема. Я хочу, чтобы ты ушел и никогда не возвращался. Пожалуйста, забери ее у меня. Правильно."

Поместите все в черный мешок и закопайте.

Любовные переплеты

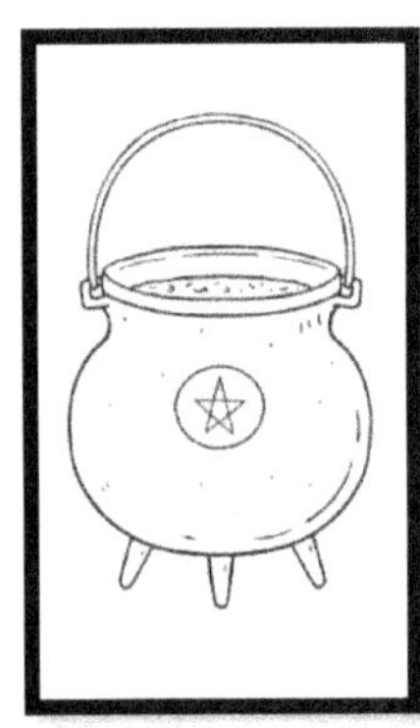

Вам потребуется:

- Хорошая трава

- Базилик

- Фотография любимого человека в полный рост без очков

- Ваша фотография в полный рост без очков

- 1 желтый шелковый носовой платок

- 1 деревянный ящик

Поместите в коробку две фотографии с именем, написанным на обратной стороне каждой из них.

Положите внутрь желтый платок и посыпьте базиликом и хорошей травой. Оставьте его под воздействием энергии Луны.

На следующий день закопайте ее в месте, которое никто не знает, а когда будете открывать яму, визуализируйте то, что хотите. Когда наступит полнолуние, выкопайте коробку и бросьте ее в реку или в море.

Лучшие ритуалы для здоровья

В любой день, кроме субботы.

Заклинание против депрессии

Правой рукой нужно взять фигурку и положить ее в левую часть рта, не разжевывая и не проглатывая.

Затем левой рукой берете виноградину и, не разжевывая, кладете ее в правую часть рта. Когда *оба фрукта окажутся во рту, одновременно откусите их и проглотите, выделяемая ими фруктоза придаст Вам энергию и радость.*

Заклинание восстановления

Необходимые элементы:

-1 белая или розовая свеча

-Лепестки розы

-Эвкалиптовое масло

-Лимонное масло

-Апельсиновое масло

Напишите швейной иглой имя того, кто нуждается в заклинании. Освятите свечу с маслами под полной луной, повторяя при этом: "Земля, воздух, огонь, вода привносят в жизнь (называете имя человека) мир, здоровье, радость и любовь". Дайте свече полностью догореть. Остатки свечи можно выбросить в любое место.

Ритуалы на апрель

апрель 2024 г.

Воскресенье	Понедельник	Вторник	Среда	Четверг	Пятница	Суббота
	1	2	3	4	5	6
7	8 Новолуние	9	10	11	12	13
14	15	16	17	18	19	20
21	22 Полнолуние	23	24	25	26	27
28	29	30				

8 апреля 2024 года, новолуние и полное солнечное затмение в Овне19°22   '.

22 апреля 2024 года, полная Луна в Скорпионе 23°:48'.

Лучшие денежные ритуалы

8, 7, 13, 22 апреля 2024 г.

Заклинание. Открыть пути к изобилию.

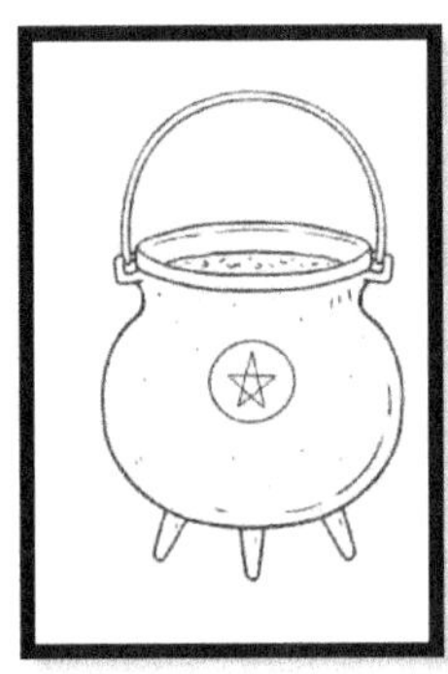

Вам потребуется:
- Лавр
- Ромеро
- 3 золотые монеты
- 1 золотая свеча
- серебряная свеча
- 1 белая свеча

Выполнять через 24 часа после новолуния.

Расставьте свечи в форме пирамиды, рядом с каждой положите монету, а в середину этого треугольника - листья лавра и розмарина. Зажгите свечи в таком порядке: сначала серебряные, белые и золотые. Повторите следующее обращение: "Силой очищающей энергии и бесконечной энергии я призываю на помощь всех защищающих меня сущностей для исцеления моей экономики".

Дайте свечам полностью догореть, а монеты сохраните в кошельке; эти три монеты нельзя тратить. Когда лавр и розмарин высохнут, сожгите их и пропустите дым этого благовония через свой дом или предприятие.

Лучшие ритуалы для любви
2, 13, 17 апреля 2024 г.

Марокканские любовные галстуки

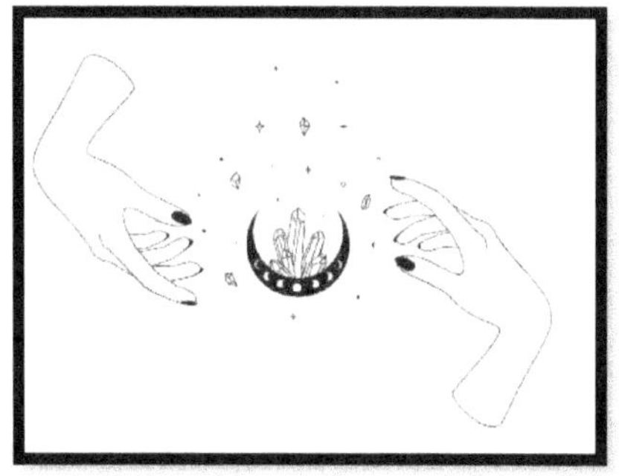

Вам потребуется:
- Слюна другого человека
- Кровь другого человека
- Земля
- Розовая вода
- 1 красный носовой платок
- Красная нить

- *1 розовый кварц*
- *1 черный турмалин*

Положите красный платок на стол. Поверх платка положите землю, а на нее - слюну, розовый кварц, черный турмалин и кровь человека, которого вы хотите привлечь. Побрезгайте на все розовой водой и завяжите платок красной нитью, следя за тем, чтобы детали не оторвались. Этот платок нужно закопать.

Заклинание для успокоения любимого человека

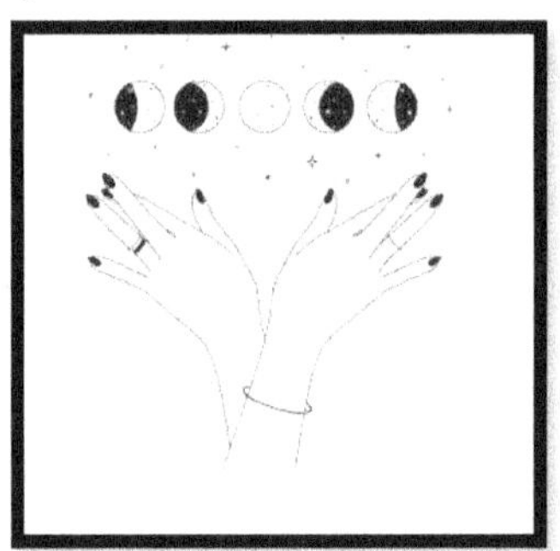

На коричневой бумаге семь раз напишите полное имя любимого человека и свое сверху. Поместите эту бумагу в хрустальный бокал, добавьте мед, корицу, розовый кварц и кусочки апельсиновой кожуры. Во время проведения ритуала мысленно повторяйте: "Я услаждаю тебя, и только настоящая любовь царит между нами". Храните его в темном месте.

Лучшие ритуалы для здоровья

13, 21, 27 апреля 2024 года.

Римское заклинание для хорошего здоровья

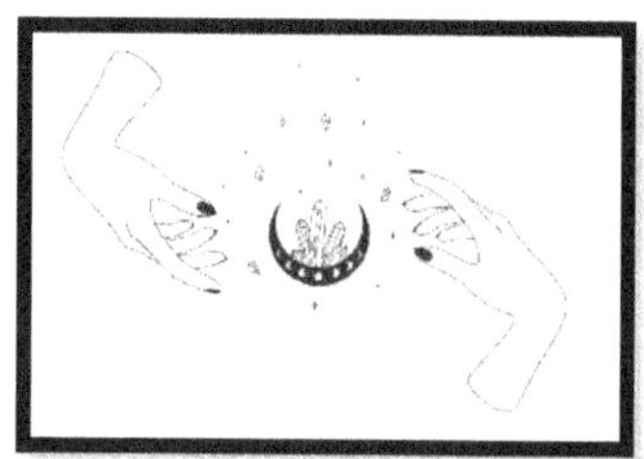

Необходимо собрать по пять листьев розмарина, руты и лепестков белой розы и заварить их кипятком. После остывания поставьте препарат на три часа над третьим спектаклем Меркурия. Добавьте эссенцию сандалового дерева, розовое и лавандовое масло. В течение пяти дней предлагайте эти ванны Ангелам-хранителям ребенка, зажигая фиолетовую свечу для трансформации негатива в позитив, который предварительно нужно освятить мандариновым маслом.

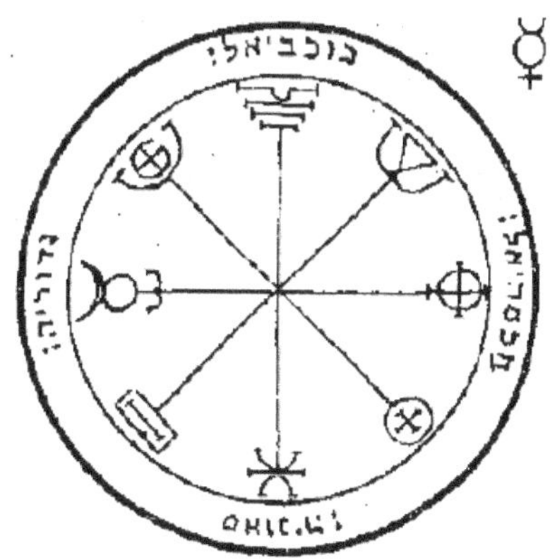

Третий спектакль Меркурия

Ритуалы на май

май 2024 г.

Воскресенье	Понедельник	Вторник	Среда	Четверг	Пятница	Суббота
			1	2	3	4
5	6	7	8 Новолуние	9	10	11
12	13	14	15	16	17	18
19	20	21	22 Полнолуние	23	24	25
26	27	28	29	30	31	

8 мая 2024 года, Новолуние в Тельце, 18°01'.

22 мая 2024 года, полнолуние в Стрельце, 2°54'.

Лучшие денежные ритуалы

6, 13, 21, 25 мая 2024 г.

Полумесяц "Денежный магнит"

Вам потребуется:

- 1 пустой бокал для вина

- 2 зеленые свечи

- 1 горсть белого риса

- 12 монет, являющихся законным платежным средством

- 1 магнит

- Белый рис

Зажгите две свечи, которые должны быть расположены по одной с каждой стороны бокала. На дно бокала кладется магнит. Затем возьмите горсть белого риса и положите его в стакан. Затем положите в бокал двенадцать монет. Когда свечи будут израсходованы до конца, положите монеты в угол процветания вашего дома или предприятия.

Заклинание для очищения дома или бизнеса от негатива.

Вам потребуется:
- Яичная скорлупа
- 1 букет белых цветов
- Священная вода или вода полнолуния
- Молоко
- Порошок корицы
- Новое ведро для чистки
- Новая швабра

Начните с того, что протрите свой дом или предприятие изнутри и снаружи, мысленно повторяя, что негатив должен выходить, а позитив - входить. Смешайте все ингредиенты в ведре и протрите пол от внутренней до внешней двери.

Вы даете полу высохнуть, подметаете цветы к уличной двери, собираете их и выбрасываете в

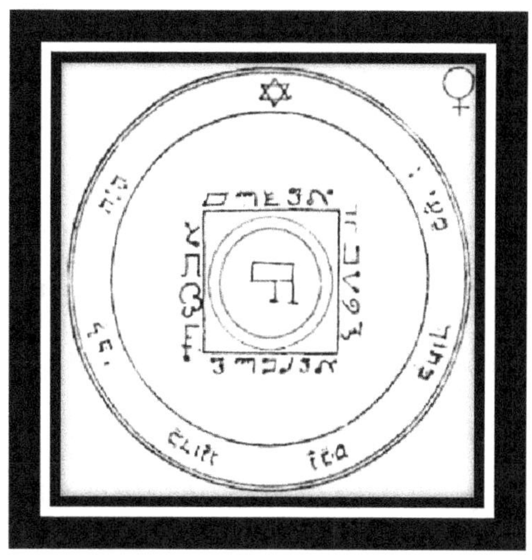

Спектакль № 5 Венеры.

На обратной стороне пенала Венеры красными чернилами напишите полное имя любимого человека и то, как вы хотите, чтобы он вел себя с вами, вы должны быть конкретны. Затем смочите его медом и обкатайте вокруг свечи так, чтобы он прилип к свече. Закрепите ее швейной иглой. Когда свеча догорит, закопайте ее остатки и повторяйте вслух: "Любовь (имя) принадлежит только мне".

Чай, чтобы забыть о любви

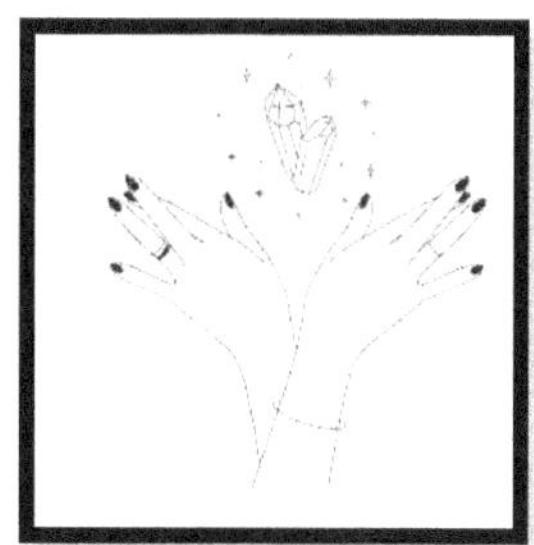

Вам потребуется:
- 5 листьев мяты

- 1 столовая ложка меда
- 3 палочки корицы

В чашке воды заварить все ингредиенты, дать настояться. Выпить, думая о том, что этот человек причинил Вам вред. Мужчины должны принимать его во вторник или среду вечером перед сном, а женщины - в понедельник или пятницу перед сном.

Ногтевой ритуал для любви

Необходимо срезать ногти на руках и ногах и поместить их в металлическую кастрюлю на средний огонь, чтобы поджарить все остатки этих ногтей. Затем вы достаете их и измельчаете в порошок. Этот порошок вы дадите своему партнеру в напиток или еду.

.

Лучшие ритуалы для здоровья
В любой день мая 2024 года. Кроме субботы.

Волшебная формула сияющей кожи

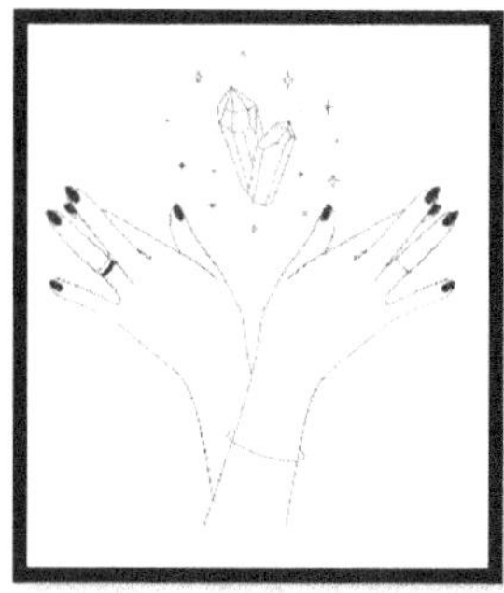

Смешать восемь столовых ложек меда, восемь чайных ложек оливкового масла, восемь столовых ложек коричневого сахара, тертую цедру лимона и четыре капли лимонки. Когда смесь превратится в гладкую массу, нанесите ее на все тело и массируйте в течение пяти минут.

Затем принять ванну, чередуя горячую и холодную воду.

Заклинание для лечения зубной боли

Из морской соли нужно сделать пятиконечную звезду, большую, потому что в ее центр нужно встать.

На каждый наконечник помещается черная свеча и символ тетраграмматона (изображение можно распечатать), листья розмарина, лавровый лист, яблочная кожура и листья лаванды.

Когда наступит 12:00, встаньте в центр, зажгите свечи и повторите:

sanus ossa mea sunt: et labia circa dentes meos

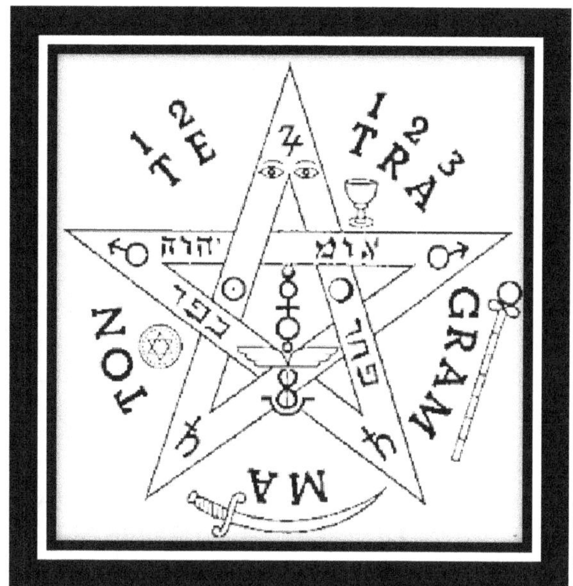

Символ Тетраграмматона

Ритуалы на июнь

июнь 2024 г.

Воскресенье	Понедельник	Вторник	Среда	Четверг	Пятница	Суббота
						1
2	3	4	5	6 Новолуние	7	8
9	10	11	12	13	14	15
16	17	18	19	20 Полнолуние	21	22
23	24	25	26	27	28	29
30						

6 июня 2024 года, Близнецы Новолуние 16°17'.

20 июня 2024 года, Полнолуние в Козероге 1°06'.

Лучшие денежные ритуалы

6,13,20, 27 - четверги, дни Юпитера.

Цыганское заклинание процветания

Возьмите глиняный горшок среднего размера и покрасьте его в зеленый цвет. На дно положите немного мирры, монетку и несколько капель оливкового масла.

Покройте его слоем земли и положите семена любимого растения. Добавьте корицу и еще почвы. Держите горшок в столовой дома и поливайте его, чтобы он рос.

Магическая фумигация для улучшения домашнего хозяйства.

В металлическом или глиняном сосуде необходимо разжечь три угля, добавить по ложке корицы, розмарина и сушеной яблочной кожуры. Обойдите дом по часовой стрелке.

Затем положите лепестки белых роз в ведро с водой и дайте настояться в течение трех часов.

С помощью этой воды вы очистите свой дом.

Чудодейственная эссенция для привлечения работы.

В бутылку из темного стекла поместите 32 капли спирта, 20 капель розовой воды, 10 капель лавандовой воды и несколько листьев жасмина.

Встряхните его несколько раз, думая о том, что вы хотите привлечь.

Вы помещаете его в диффузор, можете использовать его для дома, бизнеса или в качестве личного парфюма.

Заклинание для мытья рук и привлечения денег.

Вам понадобится глиняный горшок, мед и вода Полной Луны.

Вымойте руки этой жидкостью, но не выпускайте воду из кастрюли.

Затем оставьте горшок перед процветающим бизнесом или игорным казино.

Лучшие ритуалы для любви

В любой день июня 2024 года. Кроме субботы.

Ритуал для предотвращения разлуки

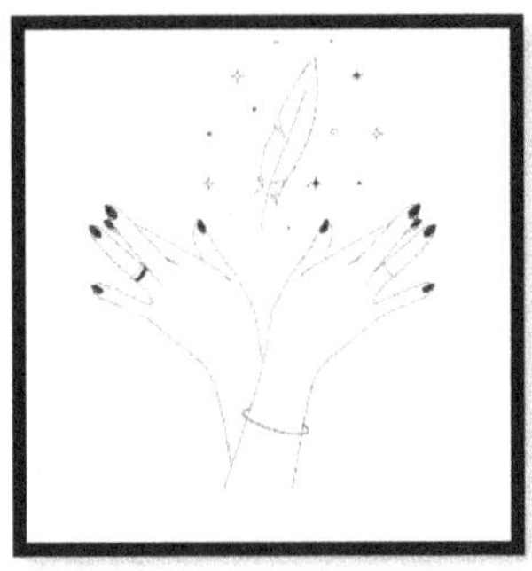

Вам потребуется:
- *1 горшок с красными цветами*
- *Мед*
- *Спектакль № 1 Венера*
- *1 красная пирамидальная свеча*
- *Фотография любимого человека*
- *7 желтых свечей*

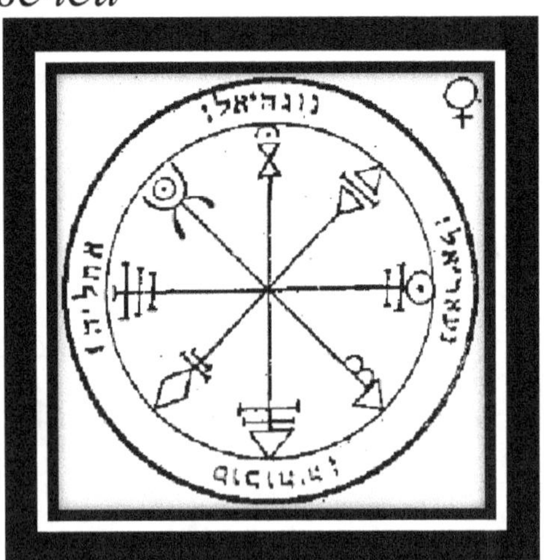

Спектакль №1 Венеры.

Необходимо зажечь семь желтых свечей в форме круга. Затем написать за спектаклем Венеры следующее заклинание:

"Я прошу тебя любить меня всю эту жизнь, моя самая дорогая любовь" и имя другого человека. Сложив спектакль из пяти частей вместе с фотографией, закопайте его в цветочный горшок. Зажгите красную свечу и полейте почву горшка медом.

При выполнении этой операции вы повторяете вслух следующее заклинание: "Благодаря силе Любви мы молимся о том, чтобы (имя человека) с чувством истинной любви, которое принадлежит мне, было сохранено так, чтобы никто и никакая сила не смогли нас разлучить".

Когда свечи догорают, вы выбрасываете их остатки в мусорное ведро. Держите горшок в пределах досягаемости и ухаживайте за ним.

Эротическое заклинание

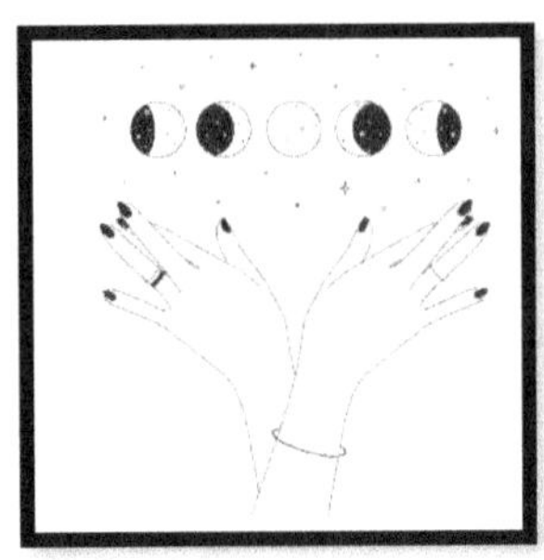

Вы должны достать красную свечу в форме пениса или вагины (в зависимости от пола того, кто произносит заклинание). Напишите на ней имя другого человека.

Его необходимо освятить подсолнечным маслом и корицей.

Зажигать его следует один раз в день, давая ему прогореть всего на два сантиметра.

Когда свеча будет полностью израсходована, поместите ее остатки в красный тканевый мешочек вместе с спектаклем № 4 Марса.

Этот пакетик следует держать под матрасом в течение пятнадцати дней.

По истечении этого времени его можно выбросить в мусор.

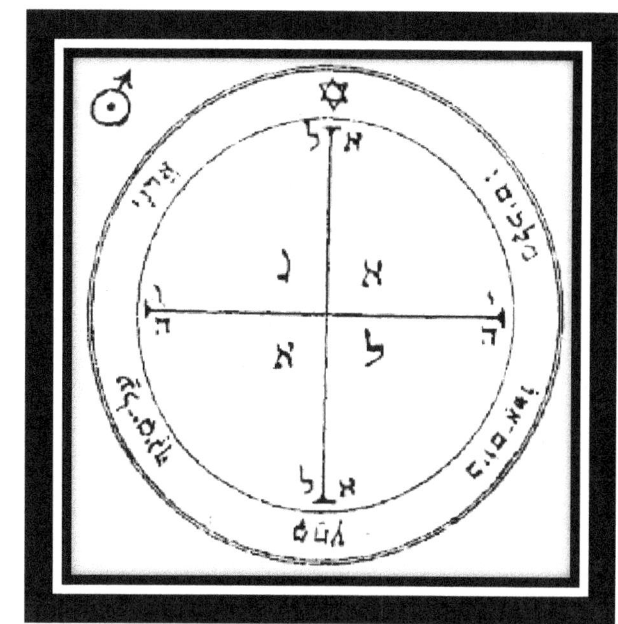

Спектакль №4 Марс

Ритуал с яйцами для привлечения внимания

Вам потребуется:
- 4 яйца
- Желтая краска

Вы должны покрасить четыре яйца в желтый цвет и написать на них слово "Он приходит ко мне".

Возьмите два яйца и разбейте их в передние углы дома человека, которого вы хотите привлечь.

Вы разбиваете еще одно яйцо перед домом этого человека. На третий день вы бросаете четвертое яйцо в реку.

Африканское заклинание для любви

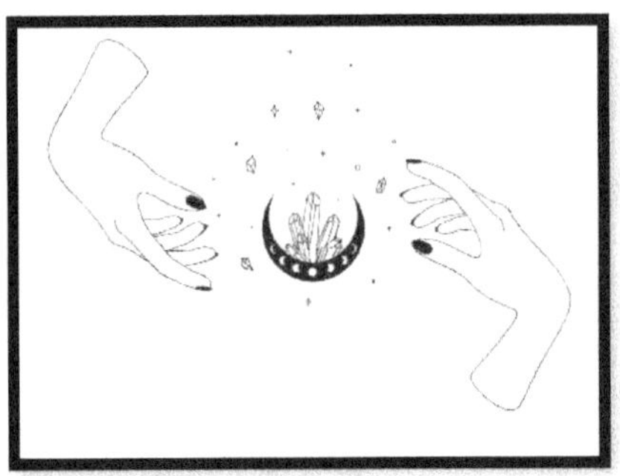

Вам потребуется:
- 1 яйцо
- 5 красных свечей
- 1 черный носовой платок
- Тыква
- Масло корицы
- 5 швейных игл
- Пчелиный мед
- Оливковое масло

- 5 кусков теста для хлеба
- Гвинейский перец

Вы открываете отверстие в тыкве, после того как напишете полное имя человека, которого хотите привлечь, на бумажном картридже, вставляете его внутрь тыквы.

Проткните тыкву иглами, повторяя имя этого человека. Насыпьте в тыкву остальные ингредиенты и заверните ее в черный шарф. Оставьте завернутую таким образом тыкву на пять дней перед красными свечами, по одной в день. На шестой день закопайте тыкву на берегу реки.

Лучшие ритуалы для здоровья
В любой день июня 2024 года

Заклинание для похудения

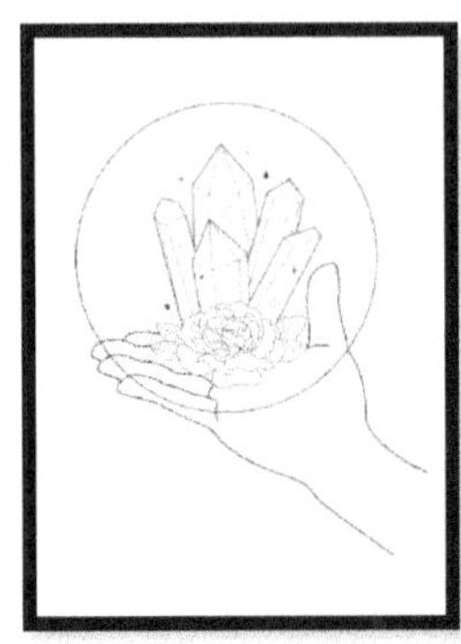

Нужно уколоть палец булавкой и нанести на белую бумагу 3 капли своей крови и ложку сахара, затем закрыть бумагу, завернув кровь с сахаром.

Бумагу помещают в новый стеклянный сосуд, наполовину заполняют его своей мочой, оставляют на ночь перед белой свечой и на следующий день закапывают.

Заклинание для поддержания здоровья

Необходимые элементы.

-1 белая свеча.

-1 священная карточка Ангела вашей преданности.

-3   сандаловое благовоние.

-Растительные углеводороды.

-Сушеные травы эвкалипта и базилика.

-Горсть риса, горсть пшеницы.

-1 белая тарелка или поднос.

-8   лепестков розовой розы.

-1 флакон для духов, персональный.

-1 деревянный ящик.

Для очистки помещения необходимо зажечь растительные угли в металлической емкости. Когда угли хорошо разгорятся, положите на них понемногу сухие травы и обойдите с контейнером все помещение, чтобы устранить негативные энергии.

По окончании выжигания необходимо открыть окна, чтобы дым рассеялся.

Подготовьте алтарь на столе, покрытом белой скатертью. Положите на него выбранную святую карту, а вокруг нее разложите три благовония в форме треугольника. Необходимо освятить белую свечу, затем зажечь ее и поставить перед ангелом вместе с незажженными благовониями.

Вы должны быть расслаблены, для этого сосредоточьтесь на своем дыхании. Визуализируйте своего ангела и поблагодарите ее за все хорошее здоровье, которое у вас есть и будет всегда, эта благодарность должна исходить из глубины вашего сердца.

Совершив благодарственный молебен, поднесите ему в качестве подношения горсть риса и горсть пшеницы, которые положите на поднос или белую тарелку.

Рассыпьте по алтарю все лепестки роз, еще раз поблагодарив за оказанные милости. По окончании благодарственного молебна оставьте свечу гореть до полного ее сгорания. В последнюю очередь соберите все остатки свечи, благовоний, риса и пшеницы, положите их в полиэтиленовый пакет и выбросьте в месте, где есть деревья без пакета.

Поместите печать ангела вместе с лепестками роз в коробку и поставьте ее в безопасное место в вашем доме. Энергетические духи, используйте их, когда почувствуете, что энергия идет на спад, визуализируя при этом своего ангела и прося его о защите.

Защитная ванна перед хирургической операцией

Необходимые элементы:

- Фиолетовый колокольчик

- Кокосовая вода

- Харк

- Кельн 1800

- Всегда живой

- Листья мяты

- Листья руты

- Листья розмарина

- Белая свеча

- Масло лаванды

Отварите все растения в кокосовой воде, когда она остынет, процедите ее, добавьте шелуху, одеколон, лавандовое масло и зажгите свечу в западной части ванной комнаты. Вылейте смесь в воду для ванны.

Если у вас нет ванны, вылейте ее на себя и не вытирайтесь.

Ритуалы на июль

июль 2024 г.

Воскресенье	Понедельник	Вторник	Среда	Четверг	Пятница	Суббота
	1	2	3	4	5	6 Новолуние
7	8	9	10	11	12	13
14	15	16	17	18	19	20 Полнолуние
21	22	23	24	25	26	27
28	29	30	31			

6 июля 2024 года, Рак Новолуние 14°23'.

20 июля 2024 года, полнолуние в Козероге 29°08'.

Лучшие денежные ритуалы

*6, 20 и 22 июля Солнце входит в **знак** Льва.*

Уборка для привлечения клиентов.

Растолочь в ступке десять очищенных лесных орехов и веточку петрушки.

Вскипятите два литра воды "Полнолуние" и добавьте в нее измельченные ингредиенты. Кипятить 10 минут, затем процедить.

С помощью этого настоя вы очистите пол своего бизнеса, начиная от входной двери и заканчивая его нижней частью.

Эту чистку необходимо повторять каждый понедельник и четверг в течение месяца, по возможности в период нахождения планеты Меркурий.

Привлекает материальное изобилие. Луна в Четверти Полумесяца

Вам потребуется:

- 1 золотая монета или золотой предмет, без камней.

- 1 медная монета

- 1 серебряная монета

В ночь полумесяца с монетами в руках подойдите к месту, где их освещают лучи Луны.

Подняв руки вверх, повторяйте: "Луна, помоги мне, чтобы моя удача всегда росла, и процветание всегда сопровождало меня".

Пусть монеты звенят в ваших руках.

Затем вы будете хранить их в своем кошельке. Этот ритуал можно повторять каждый месяц.

Заклинание для создания экономического щита для вашего бизнеса или работы.

Вам потребуется:
- 5 лепестков желтых цветов
- Семена подсолнечника
- Высушенная на солнце цедра лимона
- Пшеничная мука
- 3 монеты общего пользования

Желтые цветы и семена подсолнечника измельчить в ступке и пестиком, затем добавить лимонную цедру и пшеничную муку.

Хорошо перемешайте ингредиенты и храните их вместе с тремя монетами в герметично закрытой банке.

Этот препарат следует применять каждое утро перед выходом из дома.

Необходимо ввести в бутылку сначала кончики пяти пальцев левой руки, затем правой, после чего растереть на ладонях.

Лучшие ритуалы для любви

В любой день июля.

Экспресс-заклинание денег.

Это заклинание наиболее эффективно, если произносить его в четверг.

В стеклянную миску засыпается рис.

Затем зажгите зеленую свечу (которую предварительно нужно освятить) и поставьте ее в центр фонтана.

Зажгите благовоние с корицей и шесть раз обойдите фонтан с его дымом по часовой стрелке.

Выполняя эту процедуру, мысленно повторяйте: "Я открываю свой ум и сердце для богатства.

Изобилие приходит ко мне, сейчас, и все хорошо.

Вселенная излучает богатство в мою жизнь, сейчас". Остатки можно выбросить на помойку.

Ванная комната для привлечения финансовой выгоды

Вам потребуется:

- 1 растение руты

- Цветочная вода

- 5 желтых цветков

- 5 столовых ложек меда

- 5 палочек корицы

- 5 капель эссенции сандалового дерева

- 1 палочка сандалового ладана

В первый день полумесяца в час благоприятный для процветания, прокипятите в течение пяти минут все ингредиенты, кроме Агуафлориды и ладана. Разделите эту ванну на части, так как делать ее нужно в течение пяти дней. То, что не используется, должно храниться в холоде. Добавьте в состав немного Агуафлориды и зажгите ладан. Примите ванну и ополоснитесь, как обычно. Медленно опускайте препарат от шеи к ногам. Делайте это в течение пяти дней подряд.

Лучшие ритуалы для здоровья

В любой день июля.

Заклинание от хронической боли.

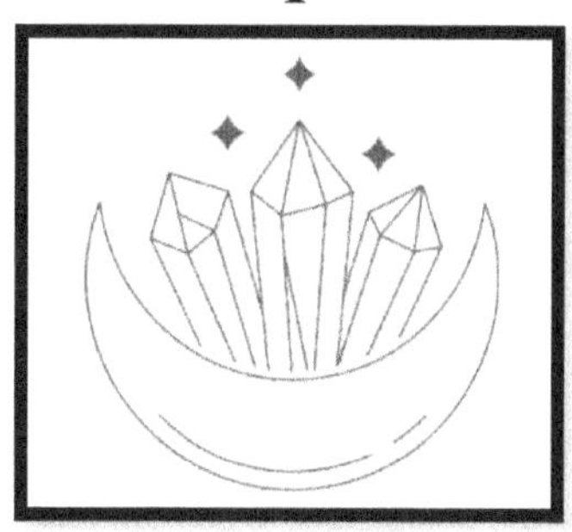

Необходимые элементы:

-1 золотая свеча

-1 белая свеча

-1 зеленая свеча

-1 Черный турмалин

-1 фотография себя или личного предмета

-1 стакан воды "Луна

-Фотография   человека или предмета личного пользования

Поставьте 3 свечи в форме треугольника, а в центр поместите фотографию или личный предмет. Поставьте стакан с лунной водой на фотографию и насыпьте в него турмалин. Затем зажгите свечи и повторите следующее заклинание: "Я зажигаю эту свечу, чтобы достичь своего выздоровления, призывая свой внутренний огонь и защитных саламандр и ундин, чтобы транс мутировать эту боль и дискомфорт в целительную энергию здоровья и благополучия". Повторите эту молитву 3 раза. По окончании молитвы возьмите стакан, выньте турмалин и вылейте воду в слив дома, свечи затушите пальцами и держите их для повторения этого заклинания до полного выздоровления. Турмалин можно использовать как амулет для здоровья.

Заклинание немедленного улучшения

Вы должны взять белую свечу, зеленую и желтую. Освятите их (от основания до фитиля) сосновой эссенцией и поставьте на стол со светло-голубой скатертью в форме треугольника. В центре поставьте небольшую стеклянную емкость со

спиртом и маленький аметист. У основания емкости положите лист бумаги с именем больного или фотографию с его полным именем на обороте и датой рождения. Зажгите три свечи и оставьте их гореть до полного сгорания. Во время проведения ритуала визуализируйте человека полностью здоровым.

Ритуалы на август

август 2024 г.

Воскресенье	Понедельник	Вторник	Среда	Четверг	Пятница	Суббота
				1	2	3
4 Новолуние	5	6	7	8	9	10
11	12	13	14	15	16	17
18 Полнолуние	19	20	21	22	23	24
25	26	27	28	29	30	31

4 августа 2024 года, новолуние во Льве 12°33'.

18 августа 2024 года, Полнолуние в Водолее 27°14'.

Лучшие денежные ритуалы

4,5 августа 2024 г.

Магическое зеркало для денег. Полнолуние

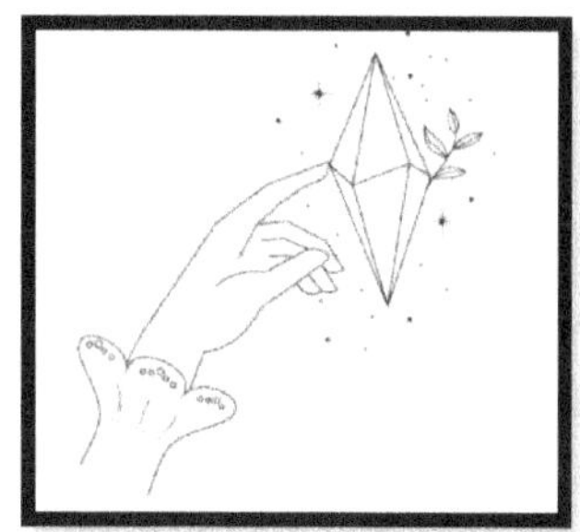

Возьмите зеркало диаметром 40–50 см и покрасьте раму в черный цвет. Омойте зеркало святой водой и накройте его черной тканью.

В первую ночь полнолуния подставьте его под лучи Луны так, чтобы в зеркале был виден весь лунный диск. Попросите Луну освятить это зеркало, чтобы оно освещало ваши желания.

В следующую ночь Полнолуния нарисуйте карандашом для губ денежный символ 7 раз ($$$$$$).

Закройте глаза и представьте себя в материальном изобилии, которого вы желаете. Оставьте нарисованные символы до следующего утра.

Затем очистите зеркало до полного исчезновения следов использованной краски, используя святую воду. Положите зеркало на место, где его никто не будет трогать.

Для повторения заклинания необходимо три раза в год в полнолуние подзаряжать энергию зеркала.

Если вы делаете это в планетарный час, связанный с процветанием, вы добавляете супер энергию к своему намерению.

Ритуал для ускорения продаж. Новолуние

Это эффективный рецепт защиты денег, умножения продаж в вашем бизнесе и энергетического оздоровления помещения.

Вам потребуется:

-1 зеленая свеча
-1 монета
- морская соль
-1 щепотка острого перца

Проводить этот ритуал следует в четверг или воскресенье в момент нахождения планеты Юпитер или Солнца.

На территории предприятия не должно быть посторонних лиц.

Зажгите свечу и вокруг нее в форме треугольника положите монету, горсть соли и щепотку острого перца.

Обязательно поместите перец справа, а горсть соли - слева. Монета должна находиться на вершине пирамиды.

Постойте несколько минут перед свечой и визуализируйте все, чего вы желаете в отношении процветания.

Останки можно выбросить, а монета хранится у вас на рабочем месте для защиты.

Лучшие ритуалы для любви
Любая пятница, день Венеры.

Лучшие ритуалы для любви

7,14, 21,28, 31 июля.

Заклинание, чтобы заставить кого-то думать о вас

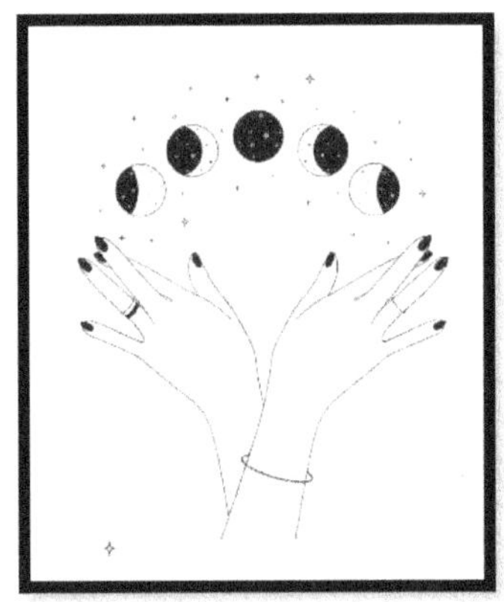

Возьмите небольшое зеркало, которое мы, женщины, используем для макияжа, и поместите за зеркалом свою фотографию.

Затем вы берете фотографию человека, о котором хотите думать, и кладете ее перед зеркалом лицом вниз (так, чтобы две фотографии были обращены друг к другу, а зеркало находилось между ними).

Оберните зеркало куском красной ткани и перевяжите красной ниткой, чтобы они были надежно закреплены, и фотографии не могли двигаться.

Его следует разместить под кроватью, хорошо спрятав.

Заклинание, чтобы стать магнитом

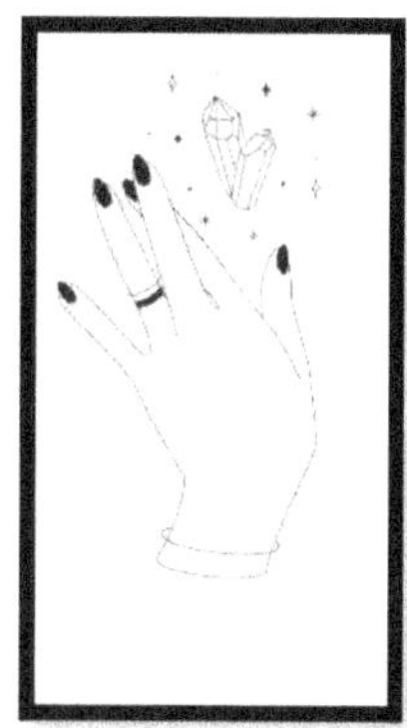

Чтобы обладать магнетической аурой и привлекать женщин или мужчин, нужно сделать желтый мешочек, в который положить сердце белого голубя и глаза черепахи из порошка.

Если вы мужчина, то этот подсумок следует носить в правом кармане.

Женщины носят этот же мешочек, но внутри бюстгальтера с левой стороны.

Лучшие ритуалы для здоровья

23 августа Солнце входит в знак Девы.

Ритуальная ванна с горькими травами

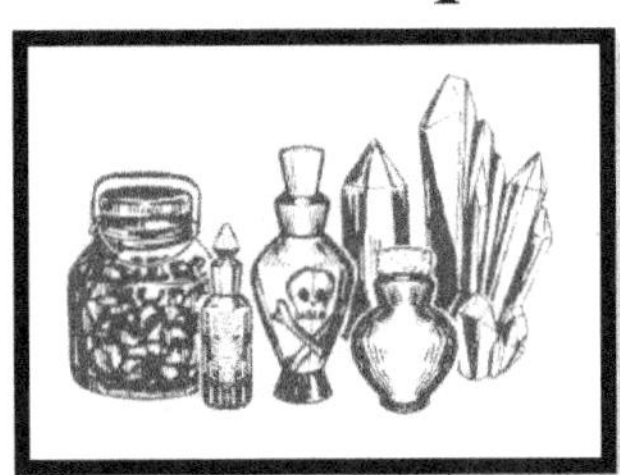

Этот ритуал используется в тех случаях, когда человек околдован настолько сильно, что его жизнь находится под угрозой.

Необходимые элементы:
- 7 Листья мирта
- Гранатовый сок
- Козье молоко
- Морская соль
- Священная вода
- Харк
- 8 Листья стенобитного растения

Вылейте козье молоко в большую емкость, добавьте гранатовый сок, священную воду, растения, морскую соль и каскариллу.

Оставьте это средство на три часа перед белой свечой, а затем вылейте на голову. В таком виде следует спать, а на следующий день ополоснуться.

Ритуалы на сентябрь

Сентябрь 2024 г.

Воскресенье	Понедельник	Вторник	Среда	Четверг	Пятница	Суббота
1	2	3 Новолуние	4	5	6	7
8	9	10	11	12	13	14
15	16	17 Полнолуние	18	19	20	21
22	23	24	25	26	27	28
29	30					

3 сентября 2024 года, Дева Новолуние 11°03'.

17 сентября 2024 года, полнолуние и частичное затмение в Рыбах
25°40'

Лучшие денежные ритуалы

3,13,20,2024 сентября

Ритуал получения денег за три дня.

Возьмите пять палочек корицы, сушеную цедру апельсина, литр воды Полной Луны и серебряную свечу. Прокипятите корицу и цедру апельсина в лунной воде. Когда вода остынет, переложите ее в бутылку с пульверизатором. Зажгите свечу в северной части гостиной вашего дома и опрыскайте жидкостью все комнаты. При этом мысленно повторяйте: "Духи-проводники защищают мой дом и позволяют мне получить деньги, в которых я нуждаюсь, немедленно".

Когда закончите, оставьте свечу гореть.

Деньги с белым слоном

Купите белого слона хоботом вверх.

Размещайте его лицом внутрь дома или предприятия, ни в коем случае не перед дверями.

В первый день каждого месяца кладите в хобот слона купюру наименьшего достоинства, сложенную вдвое по длине, и повторяйте: "Пусть это удвоится на 100"; затем снова сложите ее по ширине и повторяйте: "Пусть это умножится на тысячу".

Разверните купюру и оставьте ее в хоботе слона до следующего месяца.

Повторите ритуал, меняя купюры.

Ритуал выигрыша в лотерею.

Вам потребуется:
- 2 зеленые свечи
- 12 монет (символизирующих двенадцать месяцев года)
- 1 мандарин
- Палочка корицы
- Лепестки 2 красных роз
-1 стеклянная банка с широким горлышком и крышкой
-1 старый лотерейный билет
- Вода полнолуния

В банку положите мандарин, вокруг него - лотерейный билет, монеты, лепестки и корицу, залейте лунной водой и накройте. На крышку банки поставьте свечу и зажгите ее. На следующий день замените свечу на новую, а на третий день вскройте емкость, выбросьте все, кроме монет, которые будут служить амулетом. Одну из них храните в кошельке, а остальные одиннадцать оставьте дома. В конце года вы должны потратить монеты.

Лучшие ритуалы для любви
В любую пятницу сентября 2024 года

Ритуал устранения разногласий

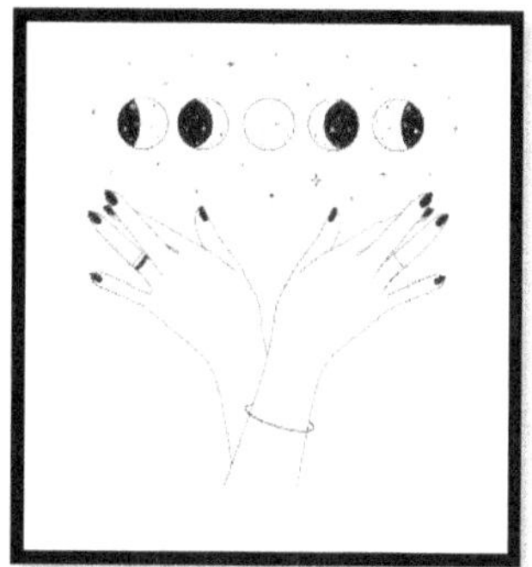

Напишите на листке бумаги полные имена свое и своего партнера. Положите его под пирамидку из розового кварца и мысленно повторяйте: "Я (Ваше имя) нахожусь в мире и гармонии с моим партнером (имя партнера), любовь окружает нас сейчас и всегда".

Эту пирамидку с именами следует хранить в зоне любви вашего дома. Правый нижний угол от входной двери — это зона пар, любви, брака или отношений.

Ритуал на взаимность в любви.

В течение пяти дней и в одно и то же время необходимо сделать на полу пирамиду из лепестков красных роз. На зеленой свече напишите имя человека, которого хотите полюбить, зажгите ее и поставьте в центр пирамиды, над спектаклем № 3 Венеры.

Вы садитесь перед этой пирамидой и мысленно повторяете: "Я призываю все стихийные силы Вселенной, чтобы (имя человека) соответствовал моей любви". По истечении этого времени остатки свечей можно выбросить в мусорное ведро, а спектакль сжечь.

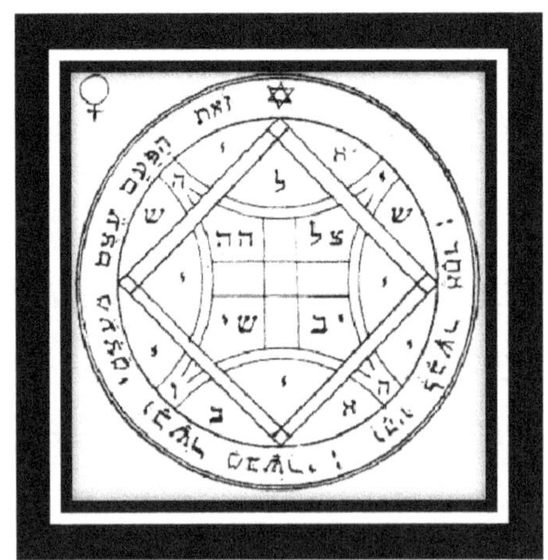

Спектакль № 3 Венера.

Лучшие ритуалы для здоровья

Любой день в сентябре. Предпочтительно понедельник и пятница.

Целебная ванна

Необходимые элементы:

- *Баклажан*
- *Мудрец*
- *Руда*
- *Агуардиенте*
- *Харк*
- *Вода Флориды*
- *Дождевая вода*
- *Зеленая свеча (если она в пирамидальной форме, то более эффективна)*

Эта ванна будет более эффективной, если делать ее в воскресенье в период Солнца или Юпитера. Нарежьте баклажан на мелкие кусочки и положите его в большую кастрюлю.

Затем отварить шалфей и руту в дождевой воде. Процедите жидкость на кусочки баклажанов, добавьте Aguaflorida, бренди, каскариллу и зажгите свечу. Вылейте смесь в воду для ванны. Если у вас нет ванны, то вылейте ее сверху и вытритесь воздухом, то есть не пользуйтесь полотенцем.

Защитная ванна перед хирургической операцией

Необходимые элементы:

- *Фиолетовый колокольчик*
- *Кокосовая вода*
- *Харк*
- *Кельн 1800*
- *Всегда живой*
- *Листья мяты*
- *Листья руты*
- *Листья розмарина*
- *Белая свеча*
- *Масло лаванды*

Эта ванна наиболее эффективна, если делать ее в четверг в период Луны или Марса.

Отварите все растения в кокосовой воде, после остывания процедите, добавьте шелуху, одеколон, лавандовое масло и зажгите свечу в западной части ванной комнаты.

Вылейте смесь в воду в ванной. Если у вас нет ванны, вылейте ее на себя и не вытирайтесь.

Ритуалы на октябрь

октябрь 2024 г.

Воскресенье	Понедельник	Вторник	Среда	Четверг	Пятница	Суббота
		1	2 Новолуние	3	4	5
6	7	8	9	10	11	12
13	14	15	16 Полнолуние	17	18	19
20	21	22	23	24	25	26
27	28	29	30	31		

2 октября 2024 года, кольцевое солнечное затмение в Весах и новолуние 10°02'.

16 октября 2024 года, Овен Полнолуние 24°34

Лучшие денежные ритуалы

2, 17, 31 октября 2024 года.

Заклинание с сахаром и морской водой для процветания.

Вам потребуется:
- Морская вода
- 3 столовые ложки сахара
- 1 стакан из синего стекла

Наполните чашу морской водой и сахаром, оставьте ее на открытом воздухе в первую ночь Полнолуния и снимите в 6:00 утра.

Затем откройте двери своего дома и начните разбрызгивать сахарную воду от входа к низу, используя бутылку с пульверизатором, при этом мысленно повторяйте: "Я привлекаю в свою жизнь все процветание и богатство, которые, по мнению Вселенной, я заслуживаю, спасибо, спасибо, спасибо".

Корица

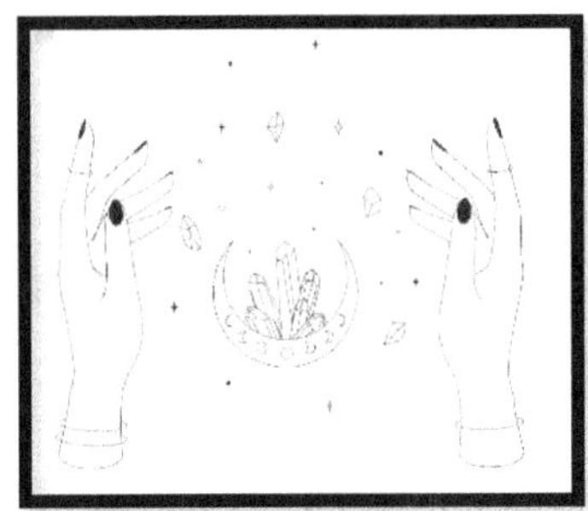

Он используется для очищения организма. В некоторых культурах считается, что ее сила заключается в том, что она помогает обрести бессмертие. С магической точки зрения корица связана с силой Луны, так как имеет женскую природу.

Ритуал для мгновенного привлечения денег.

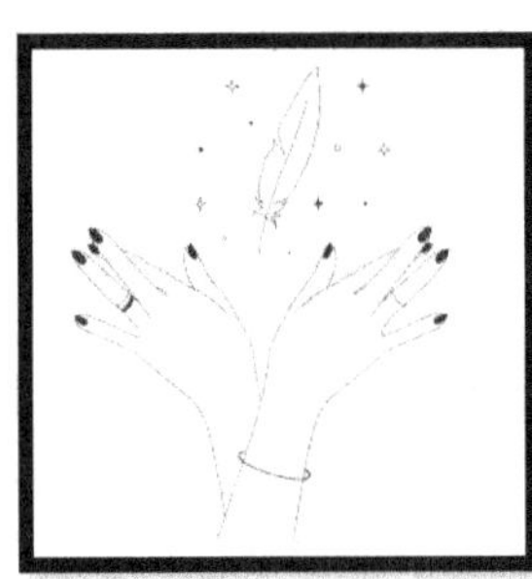

Вам потребуется:
- 5 палочек корицы
- 1 сушеная цедра апельсина
- 1 литр святой воды
- 1 зеленая свеча

Доведите до кипения корицу, цедру апельсина и литр воды, затем дайте смеси настояться до остывания. Перелейте жидкость в бутылку с распылителем.

Зажгите свечу в северной части гостиной вашего дома и окропите все комнаты, повторяя при этом: "Ангел Изобилия, я призываю твое присутствие в этом доме, чтобы ни в чем не было недостатка, и у нас всегда было больше, чем нам нужно".

По окончании трижды поблагодарите и оставьте свечу гореть.

Это можно сделать в воскресенье или четверг в момент нахождения планеты Венера или Юпитер.

Лучшие ритуалы для любви
В любой день октября 2024 года.

Заклинание, помогающее забыть старую любовь

Вам потребуется:
- *3 желтые свечи в форме пирамиды*
- *Морская соль*
- *Белый уксус*
- *Оливковое масло*
- *Желтая бумага*
- *1 черный пакетик*

Этот ритуал наиболее эффективен, если проводить его в фазе убывающей Луны.

В центре листа вы напишите оливковым маслом имя человека, которого вы хотите убрать из своей жизни.

Затем на него устанавливаются свечи в форме пирамиды.

Во время выполнения этой операции мысленно повторяйте про себя: "Мой ангел-хранитель заботится о моей жизни, это мое желание, и оно обязательно сбудется".

Когда свечи будут израсходованы, заверните все остатки в ту же бумагу и полейте их уксусом.

Затем поместите его в черный пакет и выбросьте в месте, удаленном от дома, желательно среди деревьев.

Заклинание для привлечения родственной души

Вам потребуется:
- Листья розмарина
- Листья петрушки
- Листья базилика
- Металлический контейнер
- 1 красная свеча в форме сердца
- Эфирное масло корицы
- 1 сердце, нарисованное на красной бумаге
- Алкоголь
- Лавандовое масло

Сначала нужно освятить свечу маслом корицы, затем зажечь ее и поставить рядом с металлическим контейнером.

Смешайте в контейнере все растения. Напишите в бумажном сердце все характеристики человека, которого вы хотите видеть в своей жизни, напишите подробности. Налейте на бумагу пять капель лавандового масла и поместите ее в контейнер. Сбрызните ее спиртом и подожгите. Все остатки нужно разбросать на берегу моря, а пока вы это делаете, сосредоточьтесь и попросите, чтобы этот человек пришел в вашу жизнь.

Ритуал для привлечения любви.

Вам потребуется.
- Розовое масло
- 1 розовый кварц
- 1 яблоко
- 1 красная роза в маленькой вазе
- 1 белая роза в маленькой вазе

- 1 длинная красная лента
- 1 красная свеча

Для достижения максимальной эффективности этот ритуал следует проводить в пятницу или воскресенье, в момент нахождения планеты Венера или Юпитер.

Перед началом ритуала с использованием розового масла необходимо освятить свечу. Зажгите свечу. Разрежьте яблоко на две части и положите одну из них в вазу с красной розой, а другую - в вазу с белой розой.

Обвяжите обе вазы красной лентой. Оставьте их на всю ночь рядом со свечой, пока свеча не догорит. Во время выполнения этой операции мысленно повторяйте: "Пусть на моем пути появится человек, которому суждено сделать меня счастливым, я принимаю и принимаю его". Когда розы высохнут, вместе с половинками яблок закопайте их во дворе или в горшке с розовым кварцем.

Лучшие ритуалы для здоровья
Каждое воскресенье октября 2024 года

Ритуал для повышения жизненного тонуса

Замочите алюминиевую пирамидку в ведре с водой на 24 часа. На следующий день после обычного купания ополоснитесь этой водой. Этот ритуал можно проводить один раз в неделю.

Ритуалы на ноябрь

ноябрь 2024 г.

Воскресенье	Понедельник	Вторник	Среда	Четверг	Пятница	Суббота
					1 Новолуние	2
3	4	5	6	7	8	9
10	11	12	13	14	15 Полнолуние	16
17	18	19	20	21	22	23
24	25	26	27	28	29	30 Новолуние

1 ноября 2024 года, новолуние в Скорпионе, 9°34'.

15 ноября 2024 года, полнолуние в Тельце 24°00'.

30 ноября 2024 года, новолуние в Стрельце, 9°32'.

Лучшие денежные ритуалы

1,15,30 ноября 2024 г.

Создайте свой камень, чтобы зарабатывать деньги

Вам потребуется:

- Земля

- Священная вода

- 7 монет любого номинала

- 7 камней пирита

- 1 зеленая свеча

- 1 чайная ложка корицы

- 1 чайная ложка морской соли

- 1 чайная ложка коричневого сахара

- 1 чайная ложка риса

Проводить этот ритуал следует при свете полной луны, т. е. на открытом воздухе.

В емкость налить воду с землей так, чтобы получилась густая масса. Добавьте в смесь чайные ложки соли, сахара, риса и корицы и положите в разных местах, в середине теста, 7 монет и 7 пиритов. Равномерно перемешайте эту смесь, разровняйте ее ложкой. Оставьте контейнер под светом полной луны на всю ночь, а часть следующего дня - на солнце, чтобы он высох. После высыхания занесите его в дом и поставьте на него зажженную зеленую свечу. Не очищайте камень от остатков воска. Поместите его на кухне, как можно ближе к окну.

Лучшие ритуалы для любви

Каждую пятницу и понедельник ноября.

Волшебное зеркало любви

Возьмите зеркало диаметром 40–50 см и покрасьте раму в черный цвет. Омойте зеркало священной водой и накройте его черной тканью. В первую ночь полнолуния оставьте его под лучами Луны так, чтобы в зеркале был виден весь лунный диск.

Попросите Луну освятить это зеркало, чтобы оно освещало ваши желания.

В следующую ночь Полнолуния напишите карандашом для губ все, что вы желаете в любви. Укажите, каким вы хотите видеть своего партнера во всех отношениях. Закройте глаза и представьте себя счастливым и рядом с ней. Написанное оставьте до следующего утра.

Затем очистите зеркало до полного исчезновения следов использованной краски, используя святую воду. Положите зеркало на место, где его никто не будет трогать.

Для повторения этого заклинания необходимо три раза в год заряжать зеркало энергией Полнолуния. Если вы делаете это в планетарный час, связанный с любовью, вы добавляете к своему намерению суперсилу.

Заклинание усиления страсти

Вам потребуется:
- 1 лист зеленой бумаги
- 1 зеленое яблоко

- Красная нить
- 1 нож

Этот ритуал должен быть проведен в пятницу в час планеты Венера.

Вы пишете на зеленом листе бумаги имя партнера и свое и рисуете вокруг него сердце.

Разрежьте яблоко ножом пополам и положите бумагу между двумя половинками.

Затем обвяжите половинки красной нитью и завяжите 5 узлов.

Вы собираетесь откусить от яблока и проглотить этот кусок.

В полночь вы закопаете остатки яблока как можно ближе к дому вашего партнера, если вы живете вместе, то закопайте его в своем саду.

Лучшие ритуалы для здоровья
Каждый четверг в ноябре 2024 года

Ритуал для устранения боли

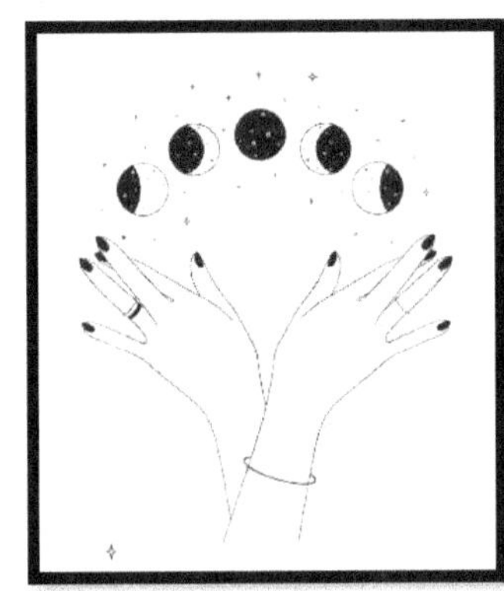

Следует лечь на спину головой на север и положить желтую пирамидку на низ живота на 10 минут, тогда недомогания исчезнут.

Ритуал релаксации

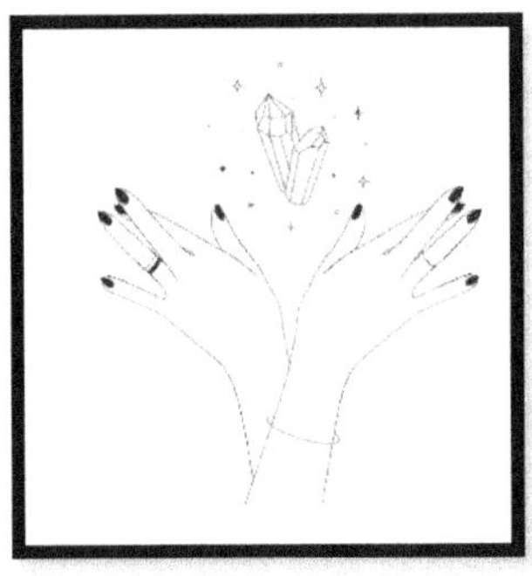

Возьмите в руки фиолетовую пирамидку, лягте на спину с закрытыми глазами, сохраняйте сознание пустым и дышите спокойно. В этот момент вы почувствуете, что ваши руки, ноги и грудная клетка онемели.

После этого вы почувствуете, что они стали тяжелее, это означает, что вы полностью расслабились, этот ритуал порождает мир и гармонию.

Ритуал для здоровой старости

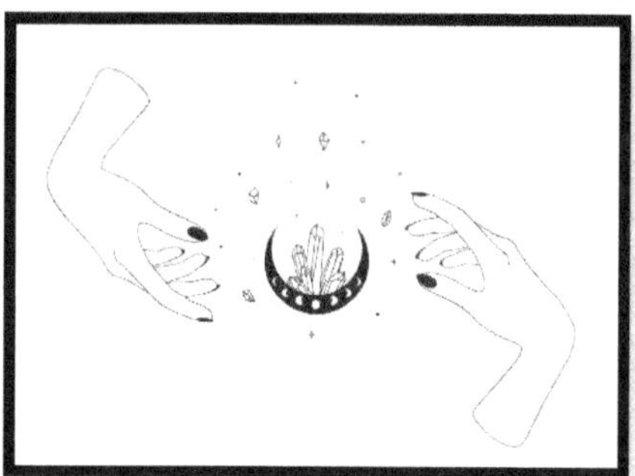

Вы должны взять большое яйцо и покрасить его в золотой цвет.

Когда краска высохнет, поместите ее в круг, который вы сделаете из 7 свечей (1 красная, 1 желтая, 1 зеленая, 1 розовая, 1 голубая, 1 фиолетовая, 1 белая). Сядьте перед кругом, покрыв голову белым платком, и зажгите свечи по часовой стрелке. Во время зажигания свечей повторяйте следующие аффирмации:

Я становлюсь лучшей версией себя.
Мои возможности безграничны.

У меня есть свобода и сила, чтобы создать ту жизнь, которую я хочу.

Я выбираю быть добрым к себе и любить себя безоговорочно.

Я делаю то, что могу, и этого достаточно.

Каждый день — это возможность начать все сначала.

Где бы я ни находился на своем пути, там мое место.

Дайте свечам догореть.

Затем закопайте яйцо в глиняный горшок, засыпьте его пляжным песком и оставьте на свету солнца и луны на три дня и три ночи подряд.

Вы будете хранить этот горшок в своем доме в течение трех лет, по истечении этого срока выкопаете яйцо, разобьете скорлупу и все, что найдете внутри, оставите в доме как защитный амулет.

Заклинание для лечения тяжелобольных

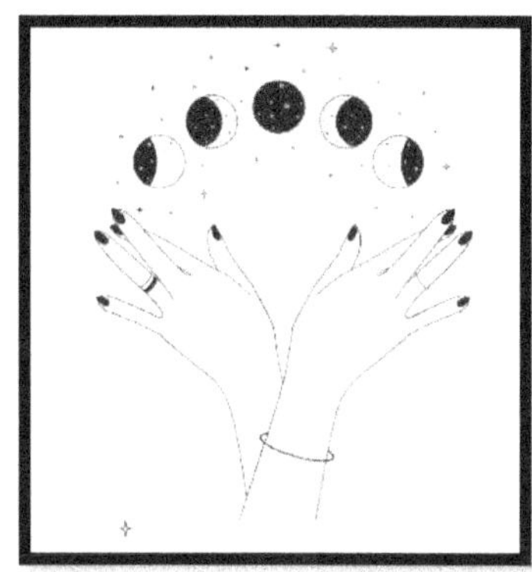

В металлический контейнер необходимо поместить диагноз врача и актуальную фотографию человека. По обе стороны от него поставьте две зеленые свечи и зажгите их.

Содержимое контейнера сжечь, а во время горения добавить волосы человека.

Если есть только пепел, поместите его в зеленый конверт, больной должен спать с этим конвертом под подушкой в течение 17 дней.

Ритуалы на декабрь

декабрь 2024 г.

Воскресенье	Понедельник	Вторник	Среда	Четверг	Пятница	Суббота
1	2	3	4	5	6	7
8	9	10	11	12	13	14 Полнолуние
15	16	17	18	19	20	21
22	23	24	25	26	27	28
29	30 Новолуние	31				

15 декабря 2024 года Полнолуние в Близнецах 23°52'.

30 декабря 2024 года Новолуние в Козероге 9°43'.

Лучшие денежные ритуалы

14, 20, 30 декабря 2024 г.

Индуистский ритуал для привлечения денег.

Идеальными днями для проведения этого ритуала являются четверг или воскресенье, в момент нахождения на планете Венера, Юпитер или Солнце.
Вам потребуется:
- Эфирное масло руты или базилика
 - 1 золотая монета
 - 1 новая сумочка или кошелек
 - 1 колос пшеницы
- 5 пиритов

Золотую монету нужно освятить, помазав ее маслом базилика или руты и посвятив Юпитеру. Во время помазания мысленно повторяйте:

"Я хочу, чтобы ты насытил эту монету своей энергией, чтобы в мою жизнь пришло экономическое изобилие".

Затем намажьте пшеничный колос маслом и поднесите его Юпитеру, прося его не испытывать недостатка в пище в вашем доме. Монету вместе с пятью пиритами положите в новую шкатулку для монет и закопайте в передней левой части вашего дома. Кукурузный колос вы будете держать на кухне вашего дома.

Деньги и изобилие для всех членов семьи.

Вам потребуется:
- 4 фаянсовых контейнера
- 4 пенала №7 Юпитера (можно распечатать)

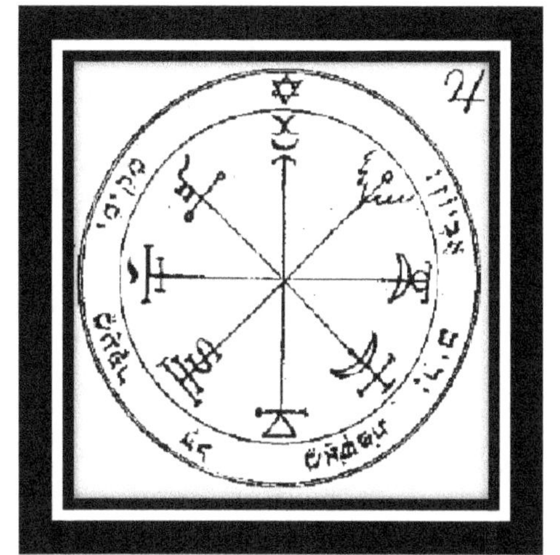

Спектакль №7 Юпитера.

- Мед
- 4 цитрина

В пятницу в час планеты Юпитер напишите на обратной стороне седьмого пенала Юпитера имена всех людей, живущих в вашем доме.

Затем положите каждый лист бумаги в глиняные горшочки вместе с цитринами и полейте их медом. Поставьте горшочки в четырех кардинальных точках вашего дома. Оставьте их там на месяц. По истечении этого срока мед и потекли выбросьте, а цитрины оставьте в гостиной.

Лучшие ежедневные ритуалы для Любви
Пятница и воскресенье декабря 2024 г.

Ритуал превращения дружбы в любовь

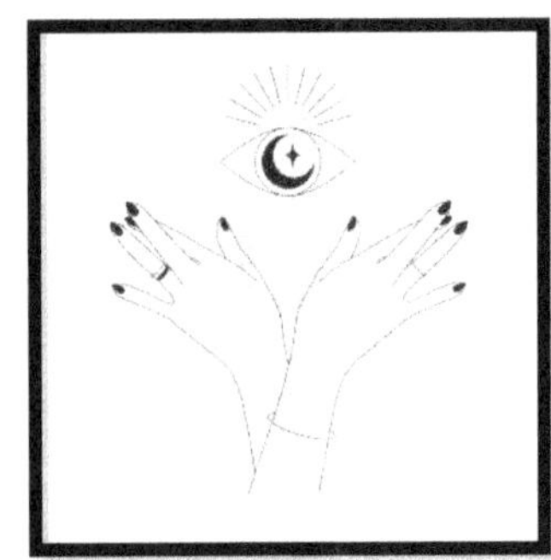

Наибольшую силу этот ритуал приобретает, если проводить его во вторник в час Венеры.

Вам потребуется:

- 1 Фотография любимого человека в полный рост
- 1 небольшое зеркало
- 7 волос
- 7 капель вашей крови
- 1 красная пирамидальная свеча
- 1 золотой пакетик

Нанесите капли своей крови на зеркало, положите сверху волосы и подождите, пока они высохнут. Поместите фотографию поверх зеркала (когда кровь высохнет).

Вы зажигаете свечу и ставите ее справа от зеркала, концентрируетесь и повторяете:

"Мы соединены навеки силой моей крови и силой (имя любимого человека) любви, которую я испытываю к тебе. Дружба заканчивается, но начинается вечная любовь".

Когда свеча будет израсходована, необходимо поместить все это в золотой мешок и выбросить в море.

Германское любовное заклинание

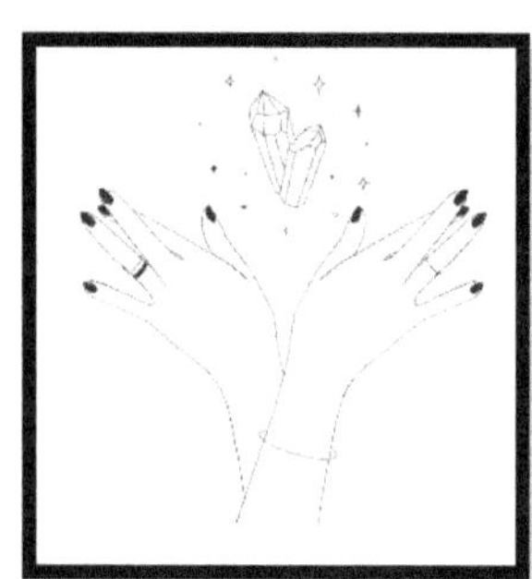

Это заклинание наиболее эффективно, если выполнять его во время фазы Полнолуния в 23:59 ночи.

Вам потребуется:
- 1 фотография любимого человека
- 1 ваша фотография
- 1 Сердце белого голубя
- 13 лепестков подсолнечника
- 3 штифта
- 1 розовая свеча
- 1 синяя свеча
- 1 новая швейная игла
- Коричневый сахар

- Порошок корицы
- 1 стол

Поместите фотографии на доску, сверху положите сердце и воткните в него три булавки. Окружите их лепестками подсолнуха, поставьте розовую свечу слева, а голубую - справа и зажгите их в том же порядке.

Уколите указательный палец левой руки и дайте трем каплям крови упасть на сердце. Пока кровь падает, вы трижды повторяете: "Силой крови ты (имя человека) принадлежишь мне".

Когда свечи будут израсходованы, все закапывают, а перед тем, как закрыть отверстие, кладут порошок корицы и коричневый сахар.

Заклинание мести

Вам потребуется:
- 1 речной камень
- Красный перец

- Фотография человека, укравшего вашу любовь
- 1 горшок
- Кладбищенская почва
- 1 черная свеча

Вы должны написать на обратной стороне фотографии следующее заклинание: "Силой мести я обещаю тебе, что ты отплатишь мне и больше никогда никому не причинишь вреда, ты аннулирован".

(имя лица)".

Затем на дно горшка поместите фотографию человека, сверху положите камень, насыпьте кладбищенскую землю и красный перец, в таком порядке.

Зажгите черную свечу и повторите то же заклинание, которое вы написали за фотографией. Когда свеча будет израсходована, выбросьте ее в мусорное ведро, а цветочный горшок оставьте в месте, где есть гора.

Лучшие ритуалы для здоровья

В любой четверг декабря 2024 года

Кристаллическая решетка для здоровья

Первый шаг - решить, какую цель вы хотите реализовать. Напишите на листе бумаги свои желания, касающиеся здоровья, обязательно в настоящем времени, они не должны содержать слово **НЕТ.** Например, "У меня идеальное здоровье".

Необходимые элементы.
- *1 крупный аметистовый кварц (фокус)*
- *4 Лайма*
- *4 небольших сердоликовых кварца*
- *6 кварц "тигровый глаз*
- *4 цитрина*
- *1 Геометрическая фигура Цветка жизни*
- *1 Белый кварцевый наконечник для активации решетки*

Цветок жизни.

Чтобы очистить камни от энергий, которые они могли впитать, прежде чем попасть к вам в руки, перед ритуалом их следует очистить кварцем, лучше всего морской солью. Оставьте их с морской солью на ночь. Когда вы достанете их, можно также зажечь палочку и окурить их, чтобы усилить процесс очищения.

Геометрические узоры помогают нам лучше представить, как энергии соединяются между узлами; узлы — это решающие точки в геометрии, это стратегические позиции, где вы разместите кристаллы, чтобы их энергии взаимодействовали друг с другом, создавая энергетические потоки высоких вибраций, (как будто это цепь), которые мы можем направить на наше намерение.

Вам нужно найти тихое место, потому что при работе с кристаллическими нитями мы работаем с универсальными энергиями.

Возьмите камни по одному и положите их в левую руку, которая у вас будет в виде чаши, накройте ее правой рукой и повторяйте вслух названия символов Рейки: Cho Ku Rei, Sei He Ki, Hon Sha Ze Sho Nen и Dai Ko Mio, по три раза подряд каждый.

Это делается для того, чтобы зарядить камни энергией.

*Сложите бумагу и поместите ее в центр сетки. Сверху поместите большой аметистовый кварц, этот камень в центре - фокус, остальные разместите, как в *примере.*

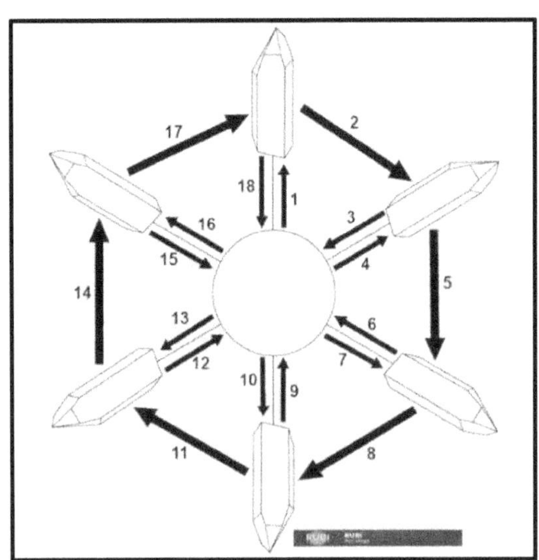

Соедините их кварцевым наконечником, начиная с кругового фокуса по часовой стрелке.

После установки гриля оставьте его в таком месте, где никто не сможет к нему прикоснуться. Раз в несколько дней его нужно пере подключать, то есть активировать кварцевым наконечником, мысленно представляя то, что вы написали на бумаге.

Планетарные регалии дней.

Воскресенье - Солнце
Понедельник - Луна
Вторник - Марс
Среда - Меркурий
Четверг - Юпитер
Пятница - Венера
Суббота - Сатурн

Освящение свечей

В магических ритуалах важно освящать свечи маслами для привлечения дополнительных энергий, такое помазание является основополагающей частью процесса.

Во время посвящения следует сосредоточиться на цели ритуала, и проводить его нужно в соответствующий день с астрологической точки зрения.

Процедуры, следующие:

Пальцами правой руки нанесите несколько капель масла на свечу от центра к фитилю, стараясь сохранить его влажным. Затем повторите те же действия, но уже от середины к основанию свечи.

Другая форма освящения - распространение масла по свече снизу вверх.

Этот тип помазания предназначен исключительно для тех ритуалов, которые связаны с разбиванием чего-либо.

Третья и последняя модель благословения заключается в помазании свечи, которую мы собираемся использовать в нашем ритуале, сверху донизу. Этот вид освящения характерен исключительно для свечей, предназначенных для ритуалов привлечения.

Магический круг для ваших ритуалов

Магический круг — это освященный круг, в котором совершаются тайные действия. Это герметичное пространство для магических заклинаний и ритуалов, оно служит защитным барьером от плохих энергий.

В пределах этого магического круга человек, проводящий ритуал, может призвать или вызвать любое духовное существо, которое ему необходимо для помощи в проведении ритуала.
Магические круги создаются таким образом, чтобы маг и люди, участвующие в ритуале, оставались в них во время проведения магической операции.
Круг должен быть чистым и священным, чтобы выполнять функцию стены-убежища.

Перед началом ритуала необходимо разграничить пространство для его проведения. Не все очерчивают круг одинаково, экспериментируйте с тем, что для вас наиболее приемлемо.
Очень важно определить пространство, которое вы собираетесь использовать во время ритуала,

изучить, должны ли вы сидеть или стоять, будете ли вы в одиночестве или в сопровождении других людей.

Перед тем как очертить круг, следует убедиться, что у вас есть все необходимое для проведения ритуала. Если по каким-либо причинам вам необходимо прервать ритуал, постарайтесь представить себе небольшую дверь в круге, которую можно закрыть до тех пор, пока вы не вернетесь. Таким образом, круг не будет разорван. Очистите место проведения ритуала, физически очистите его, организуйте и пропылесосьте, если это необходимо. Очистите область от негативных энергий и можете приступать к обведению круга.

Это можно сделать разными способами, обычно это делают с помощью волшебной палочки или вручную.

Используемый инструмент не должен касаться земли, просто направьте его вниз. Визуализируйте энергию, исходящую изнутри вас, и сфокусируйте ее на доминирующей руке.
 Сконцентрируйтесь на своем инструменте и представьте себе луч энергии, исходящий из него и сливающийся с землей. Некоторые заклинатели называют четыре точки (север, юг, восток и запад), если ритуал предполагает обращение к ним.

В некоторых случаях круг очерчивается свечами или камнями. Рекомендуется представлять круг как сферу энергии. После того как круг нарисован, можно приступать к ритуалу, но ни в коем случае нельзя забывать о существовании круга.

Для открытия круга его обозначают по часовой стрелке, а для выхода и закрытия - против часовой стрелки.

Чтобы защитить свой круг и визуально обозначить его, можно поместить четыре черных турмалина в четырех кардинальных точках.
Когда круг замыкается, их собирают и чистят морской солью.

В заключение можно резюмировать, что ритуалы состоят из двух значимых фаз: организации и реализации.

Во время подготовки мы определяем цель ритуала, время и день начала, соответствующие цвета, свечи, благовония, расположение алтаря.

Одежда, которую мы будем использовать, должна быть очень легкой, чтобы позволять двигаться. Цвета могут быть белыми или светлыми, чтобы была энергетическая текучесть. Необходимые материалы, а также тексты.

Когда мы переходим к действиям, то есть к фазе исполнения, необходимо очистить пространство, подготовить алтарь, быть расслабленным не только духовно, но и физически. Откройте магический круг и начните визуализировать уже выполненную цель ритуала.

Призывы имеют огромное значение, расшифруйте или повторите в точности ту молитву, которую вы должны произнести в конкретный момент.

Призывы и молитвы настраиваются вместе, чтобы быть связующим звеном между материальным миром, с которым вы работаете, и духовным миром, к которому вы посылаете вибрации.

Не меняйте ни слова, следуйте всем инструкциям.

Наконец, не забывайте, что ваши духовные наставники, архангелы, ангелы или святые являются заступниками перед Богом или Вселенной, чтобы ваши желания исполнялись.

Произносите слова всегда с верой и уверенностью в том, что желаемое обязательно сбудется.

Нельзя забывать, что свечи зажигаются деревянными спичками, что их нужно помазать или освятить, и, наконец, замкнуть свой магический круг.

Что такое маятник?

Мы не должны изощряться, давая такое определение. Маятник — это гибкий предмет из нити, цепи и т. п., к концу которого прикреплено тяжелое тело (отвес, кончик гвоздя, кварц и т. п.).

Другими словами, если взять шейную цепочку, даже если кулон - горный хрусталь, взять ее за один конец и дать кристаллу повиснуть, то он работает как маятник.

Термин "маятник" имеет этимологическое происхождение от латинского слова "pendulus", которое можно перевести как "маятник". Его описание: твердое тело, которое из положения равновесия, определяемого неподвижной точкой, к которой оно подвешено над центром тяжести, может совершать свободные колебания сначала в одну, а затем в другую сторону.

Одним словом, это колеблющийся предмет, подвешенный к другому, из чего мы понимаем, что для этой практики подойдет любой предмет, который может выполнять функцию маятника, хотя, действительно, и его форма, и материал влияют, главное - человек.

Маятник — это один из методов обнаружения магнитных полей, который развился из использования ветвей некоторых деревьев для поиска подземных вод и плодородной почвы. В английском языке этот метод известен как "dowsing", и мы видели их в ковбойских фильмах в поисках воды, золота, а затем и нефти.

В 1922 г. врач Альберт Абрамс опубликовал один из первых текстов о возможностях маятника в обнаружении и лечении некоторых заболеваний. Во время Второй мировой войны были зафиксированы свидетельства его использования для поиска воды, посевов и предотвращения приближения вражеских войск.

Маятник качается потому, что ваше тело наделено сверхчувствительными органами чувств, способными принимать информацию с тонкого плана. Именно оно направляет их в ваше подсознание, а оно, в свою очередь, передает их вашему сознанию через незаметные неосознанные реакции мышц, о чем свидетельствуют их вибрации. Таким образом, движение маятника в ваших руках — это не что иное, как видимый аспект вашей психической способности улавливать вибрации и преобразовывать их в мышечные реакции.

Использование маятника.

Разное. От знания пола будущего ребенка до уровня интеллекта человека. Предсказание будущего. Поиск решения проблемы и т. д.

Маятник позволяет нам проводить дистанционное целительство с очень высоким процентом эффективности. Он дает нам возможность проверить, не поражен ли пациент какой-либо гипнопедией, хроническим заболеванием, восстановить энергию любви.

Маятник можно использовать и для самолечения.

Использование маятника:

- *Разблокировка, балансировка и расширение возможностей 7 чакр.*
- *Клеточное перепрограммирование. Устраните клеточную память о болезни и восстановите знания о совершенном здоровье.*
- *Лечение для обнаружения и очищения от магии, астральных лярв и проклятий.*
- *Аутическая герметизация. Обнаружение и устранение трещин в различных слоях ауры.*

- *Гармонизация пространства - еще одно из преимуществ маятника. Мы можем* гармонизировать и нейтрализовать энергии, а также вибрировать высоко вибрационными энергиями в любом пространстве.

- С его помощью можно принимать решения и выяснять аспекты повседневной жизни.

- Провести консультацию по гаданию "да" или "нет".
- Заинтересоваться целесообразностью проведения ритуала.
- Получение обратной связи и рекомендаций от вышестоящих организаций.
- Анализ энергетического состояния отдельных участков тела человека.
- Найдите подходящее место для проведения ритуала.
- Найти, где скрыт источник негативной энергии, который вы хотите нейтрализовать.
- Поиск потерянных предметов.
- Выберите Цветы Баха или Эфирные масла.
- Обнаружение вредных космических, теллурических, кармических, электромагнитных и человеческих волн.
- Найдите животных.
- Знать уровень и тип энергии в нашем доме.
- Поиск пропавших без вести.
  - Определите, какая реинкарнация из прошлого является важной, узнайте дату, место, пол, цель

жизни во время реинкарнации и даже причины смерти в этой предыдущей жизни.

Маятник можно использовать в сочетании с другими элементами, например, с картами Таро для гадания.

Магия розмарина

Розмарин по своей природе является жарким и сухим растением. Его корни, ветви, кора, цветы и листья обладают практически безграничными достоинствами.

Нежнейшие листья розмарина, съеденные утром натощак с хлебом и солью, укрепляют голову и мозг, сохраняют остроту и силу зрения.

Цветок и листья розмарина, растертые в порошок и положенные на левую сторону, отгоняют печаль и радуют сердце.

Цветок розмарина, съеденный натощак с медом из этого же цветка и тостом из хлеба, сохраняет здоровье.

Дым розмарина отгоняет чуму и всякую заразу. Ветки и ствол розмарина, сожженные и растертые в порошок, отбеливают зубы, укрепляют их и не позволяют размножаться в них червям и простуде.

В домах, где принято курить розмарин, злые духи не обитают.

Тот, кто привык купать свое тело в кипяченой воде розмарина, сохранит здоровье и молодость. Если страдающий ревматизмом будет вдыхать дым коры розмарина через нос, он исцелится.

Листья розмарина, измельченные и превращенные в пасту, прикладывают к детским переломам, и за девять дней они излечиваются, свариваются и укрепляются.

Цветки розмарина, смешанные с медом и принятые утром и вечером, исцеляют от всякого скрытого зла, сохраняя и охраняя от всех болезней, происходящих от мокроты, вязкости и холода.

Высушенные зеленые цветки розмарина, смешанные с сахаром и принятые утром с глотком белого вина, изгоняют сердечные недуги, устраняют метеоризм и боли в желудке и, наконец, унимают рвоту.

Женщине, у которой мало молока для кормления детей, следует есть листья и цветки розмарина, и это вызовет обильное количество молока, так как он очищает кровь и успокаивает пищеварение.

Умывание лица розмариновой водой с помощью льняной салфетки, делает его красивым, свежим и сияющим, а если бы вместо воды было вино, приготовленное с розмарином, то было бы еще лучше, потому что ежедневное использование этого средства никогда не сморщит лицо, а наоборот, сохранит его свежим и красивым, удалив с него пятна и разводы.

Листья и корни розмарина, сваренные с уксусом, служат для снятия боли в усталых ногах и ступнях при ходьбе, если ими умываться.

Лягушка богатства по фэн-шуй.

Эту лягушку следует поместить около входа в дом и обратить лицом внутрь. Для деловых людей предпочтительнее размещать ее в богатстве. Не следует располагать ее в спальне, на кухне и в ванной комнате.

Никогда не оставляйте его на полу или на земле. Он должен лежать на чем-то красном. Если вы купили лягушку с рубином, убедитесь, что его сторона направлена вверх (и ни в коем случае не вниз), когда вы положите его в рот лягушке.

Если вы покупаете монету с китайской надписью на одной стороне и символами на другой, то убедитесь, что сторона с китайскими символами обращена вверх, когда монета помещена в рот лягушки.

Рекомендуется иметь в доме в общей сложности девять лягушек. Разместите их незаметно и в разных направлениях.

Фэн-шуй для кошелька, бумажника или портмоне.

Следите за порядком в бумажнике или кошельке, не засоряйте его ненужными бумагами. Кошелек должен быть вместительным, в нем должно быть место для денег. Цвета обладают энергией, поэтому следует тщательно выбирать цвет кошелька.

Красный цвет очень благоприятен, считается, что он привлекает богатство и изобилие.

Синий - цвет стихии воды, в фэн-шуй он является древним символом изобилия, что делает синий цвет отличным выбором для процветания кошелька.

Черный цвет также является цветом стихии воды в Фэн-Шуй, поэтому это отличный выбор для сумочки или кошелька.

Коричневый цвет является самым популярным (после черного), поскольку существует множество фактур натуральной кожи, делающих этот вариант очень привлекательным. Кроме того, он очень благоприятен для привлечения изобилия.

Зеленый цвет, относящийся к элементу дерева в Фэн-Шуй, является отличным выбором цвета, поскольку он свеж.

Зона богатства в вашем доме.

Посмотрите на план своего дома, если вы заметили, что он прямоугольный, поставьте себя у входной двери, и площадь богатства окажется внизу слева. То есть, если это прямоугольник, то в левом нижнем углу плана.

Существует очень сильная связь между этой зоной вашего дома и тем, как обстоят дела в вашей экономической сфере. В этом месте не должно быть ненужных вещей, там следует разместить соляные лампы, фонтаны, изображения, символизирующие процветание, и золотые украшения.

Корица

Он используется для очищения организма. В некоторых культурах считается, что ее сила заключается в том, что она помогает обрести бессмертие. С магической точки зрения корица связана с силой Луны, поскольку имеет женскую природу.

Ритуал для мгновенного привлечения денег.

Вам потребуется:

- 5 палочек корицы

- 1 сушеная цедра апельсина

- 1 литр святой воды

- 1 зеленая свеча

Доведите до кипения корицу, цедру апельсина и литр воды, затем дайте смеси настояться до остывания. Перелейте жидкость в бутылку с распылителем. Зажгите свечу в северной части гостиной вашего дома и опрыскайте все комнаты, повторяя при этом: "Ангел Изобилия, я призываю твое присутствие в этом доме, чтобы ни в чем не было недостатка, и у нас всегда было больше, чем нам нужно". По окончании скажите трижды "спасибо" и оставьте свечу зажженной. Это можно делать в воскресенье или четверг в часы планеты Венера или Юпитер.

Чеснок

Подобно тому, как соль действует как защитник или уксус как блокиратор, чеснок оказался самым эффективным нейтрализатором и очистителем плохих энергий. Древние маги рекомендовали его практически во всех своих рецептах.

Ритуал для изгнания плохих вибраций из вашего дома.

В течение двадцати одного дня за входной дверью дома следует повесить нитку с чесноком. На ней должно быть не менее пятнадцати головок чеснока. На верхнем конце привяжите красную ленточку и воткните в нее три булавки. На нижнем конце - желтую ленту с семью булавками. Не следует употреблять эти чесноки в пищу, так как они соберут в себе все негативное влияние в вашем доме. По истечении этого времени их можно будет увидеть следующим образом.

-Сухой: в вашем окружении все еще присутствуют негативные энергии. Верните их на место.

-Клопы: в вашем доме больше нет плохих вибраций. Чеснок поглотил их.

- Они уменьшились в объеме: плохие энергии легко входят и выходят из дома. Следует повесить по нитке чеснока с каждой стороны двери и зажигать белую свечу каждое воскресенье в час планеты Сатурн.

Мистическая формула с чесноком против невезения.

Вам потребуется:

- 3 головки чеснока

- 1 подкова с 7 отверстиями

- 1 белая свеча

- 1 красный тканевый мешок

- 1 черный турмалин или обсидиан

- Капли масла мяты или лимона

Начните этот ритуал в четверг в момент планеты Марс. Налейте на свечу выбранное вами масло и зажгите ее. Поместите подкову отверстием влево, кварц в центр и зубчики чеснока вокруг свечи. Дайте свече догореть. Остатки воска, кварца и чеснока поместите в саше и добавьте еще три капли масла. Спите с ним под подушкой семь ночей подряд, а затем носите его с собой в качестве амулета.

Уксус

Уксус - один из самых эффективных бытовых ингредиентов для отпугивания плохих энергий. От стирки одежды, мытья полов, отпугивания нежелательных людей - его сила неисчислима.

Ритуал, позволяющий отгонять зависть от вашего дома.

Поставьте в четырех углах вашего дома, совпадающих с четырьмя кардинальными точками, по небольшому стакану с уксусом на девять дней. На десятый день добавьте в каждый из них по горсти морской соли, а на одиннадцатый и двенадцатый - еще немного уксуса. По истечении двенадцати дней вылейте всю жидкость через ванну, зажгите белую свечу и поблагодарите своих духовных наставников за то, что они отвадили от вашего дома всех людей с плохими глазами.

Мед

Используемый на протяжении многих веков, мед, наряду с сахаром, является, пожалуй, наиболее подходящим ингредиентом для проведения ритуалов любого магического уровня.

Медовый ритуал для привлечения процветания в вашу жизнь.

Вам потребуется:

- 1 белая свеча

- 1 синяя свеча

- 1 зеленая свеча

- 3 аметиста.

- ¼ литра чистого меда

- Ромеро.

- 1 новая швейная игла

В один из понедельников, в момент Луны, напишите на зеленой свече символ денег ($), на белой свече - спектакль, а на синей свече - астрологический символ планеты Юпитер.

Затем покройте их медом и посыпьте корицей и розмарином, в таком порядке. Затем расположите их в форме пирамиды: зеленая свеча - вверху, синяя - слева, белая - справа. Рядом с каждой свечой положите по аметисту. Зажгите их и попросите своих духовных наставников или ангела-хранителя о материальном благополучии. Вы увидите потрясающие результаты.

Перец

Оккультисты не раз демонстрировали его магические свойства.

Марокканский ритуал для предотвращения проникновения негативных энергий в ваш дом.

Вам потребуется:

- Небольшие стаканы или чашки (в соответствии с количеством окон в вашем доме)

- Молотый перец

- 1 белая свеча

- 1 зеленая свеча

- 1 желтая свеча

- 3 текущие валюты

- 1 голубая лента

- 1 золотая лента

Этот ритуал следует проводить в воскресенье, четверг или пятницу, но всегда в период Солнца.

Посыпьте перцем двери своего дома, обязательно внутрь.

Оставшийся перец разложите по маленьким чашечкам или стаканчикам, которые поставьте в каждое окно вашего дома. Затем поставьте в столовой белую свечу, а рядом с ней - монеты.

На кухне поставьте зеленую свечу, к которой привяжите синюю ленту, и, наконец, в спальне - желтую свечу с золотой лентой.

Зажигая свечи, повторяйте следующие слова: "Я крещу силу перца для охраны моего дома через эти свечи, чтобы духи, охраняющие мой дом, стали более энергичными и сильными".

Чай

О самом древнем и распространенном в мире настое сложены тысячи историй, мифов и ритуалов. Все маги признают магические свойства чая.

Арабский ритуал для привлечения денег.

Вам потребуется:

- 3 столовые ложки чая

- 3 столовые ложки растения тимьян

- 1 щепотка мускатного ореха

- 3 угля

- 1 металлическая кастрюля с ручками

- 1 небольшой сундук

Поместите угли в маленькую кастрюлю, зажгите их и добавьте остальные ингредиенты. Когда огонь погаснет, поместите остатки в маленький сундучок и держите его в своей комнате в течение одиннадцати дней. Затем закопайте его в цветочном горшке или на заднем дворе. Этот ритуал следует начинать в четверг.

Лимон

Это очень мощный цитрусовый очиститель и энергетический Чендлер, его рекомендуют использовать во многих магических ритуалах.

Энергетическая очистка нашего автомобиля.

Вам потребуется:

- Цедра трех лимонов

- Сок трех лимонов

- 1 л белого уксуса

- 7 зерен крупной морской соли

- 1 мягкая губка

Всегда проводите этот ритуал в пятницу в час планеты Юпитер.

Прокипятить цедру и сок лимона в уксусе в течение 10 минут. Процедите и дайте остыть. Затем с помощью губки пропустите жидкость через автомобиль, начиная изнутри, с левой стороны, затем с правой стороны и снаружи, в обратном порядке.

Базилик

Магические свойства листьев базилика известны с древних времен. Его использовали в ваннах и благовониях для отпугивания негативных энергий и обеспечения благополучия и процветания. Сегодня в некоторых районах Центральной Африки он используется в качестве ингредиента для изгнания злых духов. Сам факт наличия горшка с этим растением в нашем доме приносит нам добрую энергию и экономическое благополучие.

Базиликовая ванна для процветания.

Делать это нужно в пятницу в час планеты Венера.

В сотейнике вскипятить листья базилика, лавровый лист и три столовые ложки меда. Когда закипит, снимите с огня и дайте остыть. Принимайте ванны с этим настоем, и вы заметите, что ваше материальное положение значительно улучшится.

Вода полнолуния

Вода полнолуния — это как святая вода для ведьм. Ее можно использовать в ритуалах, заклинаниях для усиления магической работы и для благословения. Лунная вода — это вода, подвергнутая воздействию света полной Луны. Таким образом, она приобретает свойства лунной энергии, и нам становится легче использовать ее для усиления наших ритуалов или очищения окружающей среды. Я использую ее как Святую воду: каждое Полнолуние я готовлю ее в большой стеклянной емкости, оставляю ее на всю ночь открытой и освещенной светом Полной Луны с белым кварцем внутри и собираю ее перед восходом Солнца. Эфирные масла можно смешивать с Лунной водой, и они усилят ее действие.

Амулеты для привлечения здоровья для каждого знака Зодиака

В древности все талисманы были связаны с двенадцатью знаками Зодиака или с семью известными планетами.

Овен: *Первый спектакль Марса*

Телец: *второй спектакль Венеры*

Близнецы: *Пятый спектакль Меркурия*

Рак: *Четвертый спектакль Луны*

Лев: Седьмой спектакль Солнца

Дева: второй спектакль Меркурия

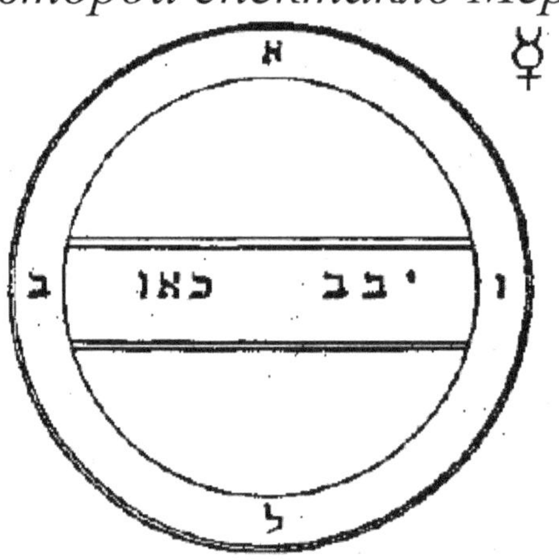

Весы: *Четвертый спектакль Венеры*

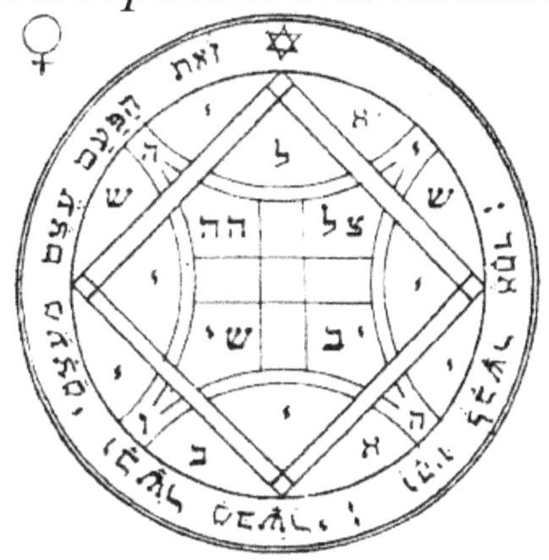

Скорпион: *Пятый спектакль Марса*

Стрелец: *Четвертый спектакль Юпитера*

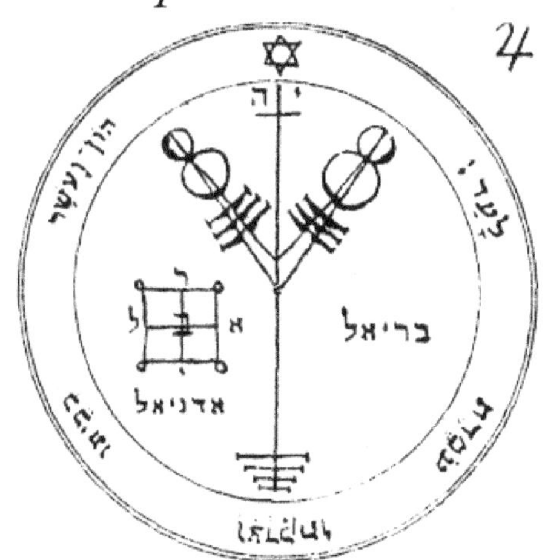

Козерог: *Третий спектакль Сатурна*

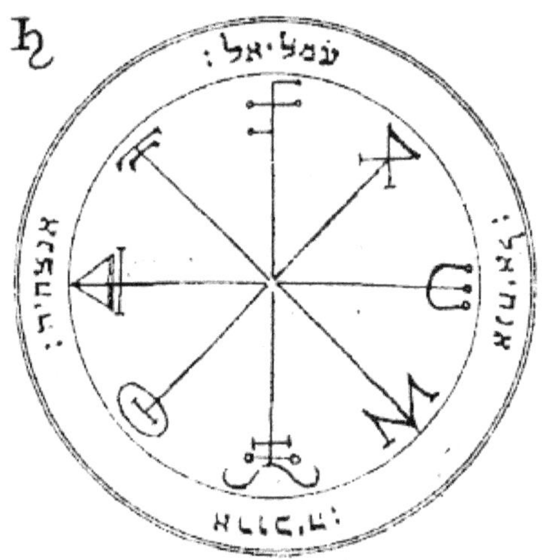

Водолей: *Седьмой спектакль Сатурна*

Рыбы: *Второй спектакль Юпитера*

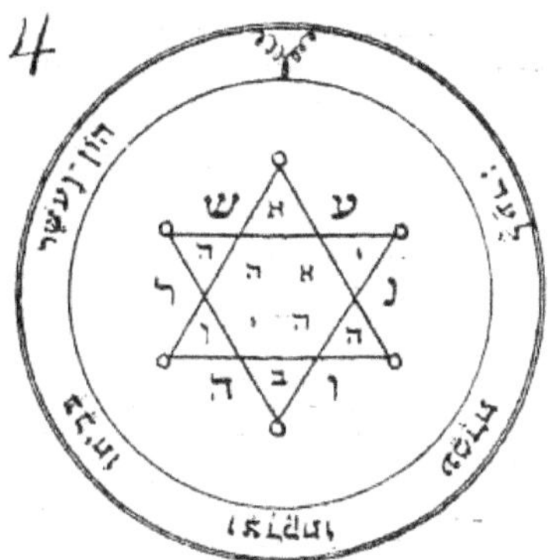

Об авторе как

Помимо астрологических знаний, Алина Руби обладает богатым профессиональным образованием, имеет сертификаты по психологии, гипнозу, Рейки, биоэнергетическому исцелению кристаллами, ангельскому целительству, толкованию снов, а также является духовным инструктором. Руби обладает знаниями в области геммологи, которые она использует для программирования камней или минералов и превращения их в мощные амулеты или талисманы защиты.

Руби обладает практическим характером, ориентированным на результат, что позволило ей иметь особое, интегрирующее видение нескольких миров, способствующее решению конкретных проблем. Алина пишет ежемесячные гороскопы для сайта Американской ассоциации астрологов; их можно прочитать на сайте www.astrologers.com.

В настоящее время он ведет еженедельную колонку в газете El Nuevo Herald на духовные темы, которая выходит каждое воскресенье в цифровом формате и по понедельникам в печатном. Ведет также программу и еженедельный "Гороскоп" на YouTube-канале этой газеты. Ее астрологический ежегодник ежегодно публикуется в газете "Diario las Américas" под рубрикой Rubi Astrologa.

Руби написала несколько статей по астрологии для ежемесячного издания "Today's Astrologer", вела занятия по астрологии, Таро, чтению по ладони, исцелению кристаллами и эзотерике. На ее канале в YouTube еженедельно выходят видеоролики на эзотерические темы: Rubi Astrologa. Она вела собственное астрологическое шоу, которое ежедневно транслировалось на канале Flamingo T.V., давала интервью нескольким теле- и радиопрограммам, ежегодно выпускает "Астрологический ежегодник" с гороскопом по знакам и другими интересными мистическими темами.

Она является автором книг "Рис и бобы для души", часть I, II и III, сборника эзотерических статей, изданных на английском, испанском, французском, итальянском и португальском языках. Книги "Деньги для всех карманов", "Любовь для всех сердец", "Здоровье для всех тел", Астрологический ежегодник 2021, Гороскоп 2022, Ритуалы и заклинания для успеха в 2022 году, Заклинания и секреты, Астрологические классы, Ритуалы и чары 2024 и Китайский гороскоп 2024 изданы на пяти языках:

английском, итальянском, французском, японском и немецком.

Руби прекрасно владеет английским и испанским языками, сочетая в своих выступлениях все свои таланты и знания. В настоящее время она проживает в Майами, штат Флорида.

Более подробную информацию можно получить на **сайте** www.esoterismomagia.com.

Алина А. Руби - дочь Алины Руби. В настоящее время она изучает психологию в Международном университете Флориды.

С детства интересовалась всеми метафизическими и эзотерическими темами, с четырех лет занималась астрологией и каббалой. Обладает знаниями в области Таро, Рейки и геммологи. Она является не только автором, но и редактором, вместе со своей сестрой Анжелиной А. Руби, всех книг, изданных ею и ее матерью.

За дополнительной информацией обращайтесь к ней по электронной почте: **rubiediciones29@gmail.com.**

Библиография

Материалы из книг "Любовь для всех сердец", "Деньги для всех карманов" и "Здоровье для всех тел", опубликованных авторами. Статьи, опубликованные одним из авторов в газетах Diario Las Américas и Nuevo Herald.

www.ingramcontent.com/pod-product-compliance
Lightning Source LLC
Chambersburg PA
CBHW081937160726
47999CB00008B/2424